Über dieses Buch Boris Pasternak hat zweimal die Geschichte seines Lebens geschrieben. Im Anschluß an seinen Roman *Doktor Schiwago* entstand der Lebensbericht *Über mich selbst*, der die autobiographische Ergänzung zu dem großen Alterswerk bildet. Der Dichter bezeichnete diese Selbstdarstellung als die für ihn maßgebliche.
Boris Pasternak beschreibt nicht den äußeren Gang seines Lebens, sondern die Ereignisse und die Personen, die ihn auf seinem Weg als Dichter begleitet und beeinflußt haben. Am Anfang seiner Entwicklung steht die Begegnung mit Tolstoj, den er im Hause seines Vaters, des Malers Leonid Pasternak, zum erstenmal sah.
Inmitten der intellektuellen und künstlerischen Elite Moskaus erlebt Pasternak als Kind die große Stadt des zwanzigsten Jahrhunderts. Damals entstand eine neue Kunst, deren erste Blüte er im Werk Alexander Skrjabins, in der Lyrik Rilkes und in den Gedichten Alexander Bloks bewunderte.
In den Kapiteln »Nach der Jahrhundertwende« und »Vor dem Ersten Weltkrieg« sieht der Leser die Generation von 1910, der die russische Literatur einige ihrer größten Namen verdankt, inmitten der geistigen und politischen Umwälzungen sich ihren Platz erobern. Majakowskij, den Pasternak lange Zeit bewunderte, Marina Zwetajewa, große Gestalten, die das Bild der Epoche bestimmten, werden vorgestellt, ihr Werk und ihre Persönlichkeit charakterisiert.

Der Autor Boris Pasternak wurde 1890 als Sohn des impressionistischen Malers Leonid Pasternak und der Pianistin Rosa Kaufmann in Moskau geboren. Er studierte Musik, Jura und Philosophie in Moskau und Marburg. Seine schriftstellerische Laufbahn begann er 1912 als Lyriker unter symbolistischem und futuristischem Einfluß. Heute gilt er neben Anna Achmatowa, Ossip Mandelstam und Marina Zwetajewa als bedeutendster russischer Lyriker des zwanzigsten Jahrhunderts. Außer kleineren Prosaarbeiten erschienen seine Übersetzungen von Dramen Shakespeares und Kleists, von Goethes *Faust*, von Gedichten Verlaines und Rilkes. Dem 1956 vollendeten *Doktor Schiwago*, der erst 1988 in der Sowjetunion erscheinen konnte, folgten *Wenn es aufklart. Gedichte 1956–1959* (überarbeitete Ausgabe 1990 bei FTV) und *Briefe nach Georgien* (überarbeitete Ausgabe 1989 bei FTV).
Boris Pasternak erhielt für *Doktor Schiwago* den Nobelpreis. Er sah sich jedoch gezwungen, den Preis abzulehnen, als er wegen der Hetzkampagne gegen ihn mit der Ausbürgerung rechnen mußte. Er starb am 30. Mai 1960 auf seiner Datscha in Peredelkino bei Moskau.

BORIS PASTERNAK

Über mich selbst

Versuch einer Autobiographie

Aus dem Russischen von
Reinhold von Walter

Überarbeitet und ergänzt
von Heddy Pross-Weerth

Fischer Taschenbuch Verlag

Überarbeitete und ergänzte Ausgabe
Veröffentlicht im Fischer Taschenbuch Verlag, GmbH
Frankfurt am Main, Januar 1990

Lizenzausgabe mit freundlicher Genehmigung
des S. Fischer Verlags GmbH, Frankfurt am Main

Umschlaggestaltung: Buchholz/Hinsch/Hensinger
Gesamtherstellung: Clausen & Bosse, Leck
Printed in Germany
ISBN 3-596-29293-X

FRÜHE KINDHEIT

1

Im *Geleitbrief*, dem während der zwanziger Jahre geschriebenen Versuch einer Autobiographie, beschrieb ich die Lebensumstände, die mich geformt haben. Leider hat überflüssige Manieriertheit – eine verbreitete Sünde jener Jahre – das Buch verdorben.

In der vorliegenden Skizze kann ich nicht vermeiden, auf einige Einzelheiten jenes Buches zurückzugreifen, aber ich werde versuchen, mich nicht zu wiederholen.

2

Am 29. Januar 1890 alten Stils * wurde ich in Moskau geboren, im Hause Lyshin gegenüber dem Priesterseminar in der Arsenalgasse. Unerklärlicherweise erinnere ich mich an einige Herbstspaziergänge mit meiner Amme im Seminargarten: feuchte Wege unter Haufen von Laub, Teiche, künstliche Hügel und das gestrichene Gatter des Seminars, Spiele und Balgereien der übermütigen Seminaristen in den großen Pausen.

Dem Seminar gegenüber stand das zweistöckige Steinhaus mit dem Einstellhof für Droschken und mit unserer Wohnung über der gewölbten Toreinfahrt.

* Sterne verweisen auf die Anmerkungen am Ende des Bandes Seite 80–86.

3

Der Gefühlswelt meiner frühen Kindheit lagen die Elemente Angst und Entzücken zugrunde. Aus märchenhaften Farben waren zwei zentrale Bilder entstanden, die alles beherrschten und in sich vereinigten: das Bild der ausgestopften Bären in den Karosseriewerkstätten der Wagenbauerstraße und das Bild eines gutmütigen Riesen – des krumm gebeugten, zottigen Verlegers P. P. Kontschalowskij mit der Baßstimme –, seiner Familie und seinen Bleistift-, Feder- und Tuschzeichnungen von Serow, Wrubel, meinem Vater und den Brüdern Wasnezow*, die in seiner Wohnung hingen.

Die Gegend – Twerskaja-Jamskaja, Trubaplatz, die Gassen am Zwetnoj-Boulevard – gehörte zu den verrufensten Stadtvierteln. Hin und wieder wurde ich an der Hand rasch vorangezerrt, denn da war etwas, das ich nicht erfahren, nicht hören sollte. Aber Ammen und Kinderfrauen ertragen nun mal das Alleinsein nicht, daher umgab uns immer eine buntscheckige Gesellschaft. Und um die Mittagszeit exerzierten die berittenen Gendarmen auf dem offenen Platz der Snamenije-Kasernen.

Diese Begegnungen mit Bettlern und Pilgerinnen, die Nachbarschaft zur Welt der Ausgestoßenen, ihren Geschichten, ihren hysterischen Ausbrüchen auf den nahen Boulevards trug mir vor der Zeit und für immer jenes beängstigende, das Herz stockenlassende Mitleid mit der Frau ein und das noch schwerer zu ertragende Mitleid mit meinen Eltern, die vor mir sterben würden, für die ich, um sie von den Höllenqualen zu erlösen, etwas unerhört Lichtes, nie Dagewesenes vollbringen muß.

4

Als ich drei Jahre alt war, übersiedelten wir in eine Dienstwohnung der Hochschule für Malerei, Architektur und Bildhauerei in der Mjasnitzkaja gegenüber dem Postamt. Die Wohnung lag in einem Flügel im Hof, außerhalb des Hauptgebäudes.

Das schöne alte Hauptgebäude war in vieler Hinsicht bemerkenswert. Der große Brand von 1812 hatte es verschont. Im Jahrhundert zuvor, zur Zeit Katharinas, hatte es den Freimaurern geheime Zuflucht geboten. Die Seitenrundung an der Ecke Mjasnitzkaja und Juschkowa trug einen halbrunden Säulenbalkon. Die geräumige Balkonfläche war durch eine Mauernische mit der Schulaula verbunden. Vom Balkon aus war die Mjasnitzkaja in ihrer ganzen Länge zu übersehen, die in die Ferne zu den Bahnhöfen davonlief.

Von diesem Balkon aus schauten die Hausbewohner 1894 dem Überführungszeremoniell der sterblichen Hülle Alexanders III. zu und zwei Jahre später dem einen oder anderen festlichen Zeremoniell der Krönung Nikolajs II.

Hier standen Schüler und Lehrer, unter ihnen meine Mutter mit mir auf dem Arm direkt am Balkongeländer. Zu ihren Füßen tat sich ein Abgrund auf. Drunten in der Tiefe war die mit Sand bestreute leere Straße in Erwartung erstarrt. Militärs rannten emsig herum, riefen lautstarke Kommandos, die jedoch die Ohren der Zuschauer auf dem Balkon nicht erreichten. Es war, als saugte das Schweigen der den Atem anhaltenden städtischen Volksmenge unten – durch Soldatenspalier vom Fahrdamm auf die Trottoirs gedrängt – jeden Laut auf, ohne Rest, wie Sand das Wasser. Die Glocken begannen zu läuten, schwermütig und langsam, und wie von einer weit herkommenden, immer weiter rollenden Woge getragen, hoben sich Arme und Hände an die Köpfe. Moskau entblößte sein Haupt, bekreuzigte sich. Gleichzeitig mit den von allen Seiten aufdröhnenden Trauerglocken er-

schien die Spitze einer endlosen Prozession: Militär, Geistlichkeit, Pferde mit schwarzen Federbüschen, in Trauerschabracken, der unwahrscheinlich prunkvolle Katafalk, Herolde in nie gesehenen Trachten einer anderen Zeit. Und die Prozession ging und ging. Die Häuserfassaden waren mit Trauerkrepp schwarz verhängt, und tief hingen die Fahnen auf Halbmast.
Der Atem feierlichen Pomps wehte auch in der Hochschule. Sie unterstand der Leitung des kaiserlichen Hofministeriums. Ihr Kurator war Großfürst Sergej Alexandrowitsch *, der ihre Veranstaltungen und Ausstellungen besuchte. Der Großfürst war mager und sehr groß. Auf Herrenabenden zu Ehren des Großfürsten im Hause Golizyn oder Jakuntschikow, zu denen mein Vater und Serow geladen waren, zeichneten beide, hinter ihren Hüten verschanzt, Karikaturen von ihm.

5

Im Hof gegenüber dem Pförtchen zu einem kleinen Garten mit sehr alten Bäumen, mitten zwischen Wirtschaftsgebäuden, Schuppen und Speichern, befand sich unser Flügel. Unten im Keller erhielten die Schüler warmes Frühstück. Auf der Treppe hing ständig der Dunst von in Schmalz gebackenen Pasteten und gebratenen Frikadellen. Auf dem nächst höheren Treppenabsatz war die Tür zu unserer Wohnung. Ein Stockwerk drüber wohnte der Schriftführer der Hochschule.
Fünfzig Jahre später, ganz kürzlich, in neuester sowjetischer Zeit, las ich in dem Buch von N. S. Rodionow *Moskau in L. N. Tolstojs Leben und Werk* auf Seite 125 zum Jahr 1894:
»Am 23. November 1894 besuchte Tolstoj mit seinen Töchtern den Maler Leonid O. Pasternak im Hause der Hochschule, deren Direktor er war, um ein Konzert zu hören, an

dem neben Pasternaks Gattin * die Professoren für Violine und Violoncello am Konservatorium, I. W. Grshimali und A. A. Brandukow *, mitwirkten.«

Alles stimmt, eine Kleinigkeit ausgenommen: Direktor der Schule war Fürst Lwow, nicht mein Vater.

An den von Rodionow verzeichneten Abend erinnere ich mich sehr gut. Ich erwachte von einem süßen, beklemmenden Schmerz, wie ich ihn noch nie empfunden hatte. Ich schrie auf und weinte vor Unruhe und Angst. Doch die Musik übertönte mein Weinen, und erst als der Satz des Trios, bei dem ich aufgewacht war, geendet hatte, hörte man mich. Die Portiere, hinter der ich lag und die das Zimmer teilte, bewegte sich. Dann neigte sich meine Mutter über mich und beruhigte mich rasch. Wahrscheinlich hat sie mich zu den Gästen hinübergetragen, oder vielleicht konnte ich durch die offene Tür in den anschließenden Salon sehen. Er hing voller Tabakqualm. Die Kerzen blinzelten, als reizte der Rauch ihre Augen. Hell beleuchteten sie das rotpolierte Holz von Geige und Cello. Der Flügel war schwarz wie die Gehröcke der Herren. Damen tauchten aus ihren bis zu den Schultern dekolletierten Roben auf wie Blüten aus festtäglichen Blumenkörben. In Rauchringen verschmolzen die grauen Häupter von zwei oder drei alten Herren. Einen von ihnen lernte ich später gut kennen, ich sah ihn häufig. Es war der Maler Nikolaj Gué *. Die Gestalt eines anderen hat, wie so viele Menschen, auch mich durchs ganze Leben begleitet, mich vor allem deshalb, weil mein Vater seine Bücher illustrierte, ihn oft besuchte, ihn verehrte, und weil sein Geist überall in unserem Haus lebendig war. Es war Lew Nikolajewitsch Tolstoj.

Aber warum hatte ich weinen müssen? Warum ist mir mein Kummer in so lebhafter Erinnerung geblieben? Der Klang des Flügels war mir vertraut; meine Mutter spielte meisterhaft. Die Stimme dieses Instruments erschien mir als unveräußerlicher Bestandteil der Musik selbst. Die Timbres der Streichinstrumente, besonders im Kammer-Ensemble,

waren für mich ungewohnt, sie hatten mich deshalb wie wirklicher, von draußen ins Klappfenster dringender Hilferuf, wie Unglücksmeldung erregt.
Ich glaube, es war in jenem Winter, in dem Anton Rubinstein und Pjotr Tschajkowskij starben. Wahrscheinlich war Tschajkowskijs berühmtes Trio * gespielt worden.
Diese Nacht wurde gleichsam zum Grenzpfahl zwischen meiner frühesten und späteren Kindheit. Seit dieser Nacht setzten Gedächtnis und Bewußtsein ein wie bei Erwachsenen und arbeiteten fortan ohne große Unterbrechungen und Lücken.

6

Im Frühjahr eröffneten die Peredwishniki * in den Sälen der Schule ihre Ausstellung. Schon während des Winters kamen die Bilder, in Kisten verpackt, aus Petersburg und wurden in den Schuppen untergebracht, die sich in gerader Linie hinter unserem Haus entlangzogen. Vor Ostern trug man die Kisten in den Hof und packte sie vor den Schuppentüren unter freiem Himmel aus. Die Schuldiener öffneten die Kisten, lösten die Gemälde mit ihren schweren Rahmen aus den Schutzleisten und trugen sie je zu zweit über den Hof in die Ausstellungssäle. Wir hockten auf den Fensterbänken und verfolgten neugierig, was unten geschah. So zogen die berühmtesten Werke von Repin, Mjassojedow, Makowskij, Surikow und Poljenow * an uns vorüber – gut die Hälfte des heutigen Bestands der staatlichen Galerien und Bildersammlungen.
Mein Vater und die ihm nahestehenden Maler stellten zunächst auch bei den Peredwishniki aus, doch nicht lange. Bald schlossen sich Serow, Lewitan, Korowin, Wrubel, Iwanow *, mein Vater und andere zu einer noch jüngeren Gruppe zusammen, dem Russischen Künstlerbund *.

Ende der neunziger Jahre kam der Bildhauer Pawel Trubetzkoj *, der sein ganzes bisheriges Leben in Italien verbracht hatte, nach Moskau. Ihm wurde ein neues Atelier mit Oberlicht eingerichtet. Dieses Atelier grenzte unmittelbar an eine Außenwand unseres Hauses, so daß eines unserer Küchenfenster in den Neubau einbezogen wurde. Früher sah man von diesem Fenster aus in den Hof, jetzt in Trubetzkojs Atelier. Wir beobachteten sein Modellieren, die Arbeit seines Gießers Robecchi, alle seine Modelle, angefangen von kleinen Kindern und Ballerinen, die ihm posierten, bis zu zweispännigen Kutschen und berittenen Kosaken, die mühelos durch die breite Tür des Ateliers gelangten.

In dieser Küche wurden auch die schönen Illustrationen meines Vaters zu Tolstojs Roman *Auferstehung* verpackt und nach Petersburg expediert. Der Roman war noch nicht vollendet, erschien aber schon in Fortsetzungen kapitelweise in der Zeitschrift *Niwa* des Verlegers Marx. Fieberhafte Arbeit. Ich erinnere mich gut an Vaters Eile. Die Zeitschrift erschien regelmäßig und pünktlich. Die Ablieferungsfristen mußten eingehalten werden.

Tolstoj ließ mit den Korrekturen auf sich warten, er hatte immer wieder etwas umzuarbeiten. Es bestand die Gefahr, daß die Illustrationen zum ursprünglichen Text nicht mehr mit dem veränderten übereinstimmten. Doch mein Vater machte seine Skizzen dort, wo auch Tolstoj seine Beobachtungen anstellte: in Gerichtssälen, im Verschickungsgefängnis, im Dorf und in der Eisenbahn. Vor der Gefahr des Auseinanderklaffens von Wort und Bild bewahrte sie die Fülle lebendiger Details und der ihnen gemeinsame Realitätssinn.

Wegen der Dringlichkeit, mit der die Zeichnungen in Petersburg erwartet wurden, nutzte man jede Transportgelegenheit, zog auch die Schaffner der Kurierzüge nach Petersburg heran. Und der Anblick eines uniformierten Eisenbahners, der wartend an unserer Küchentür wie auf dem Bahnsteig vor

einer Coupétür stand, beflügelte meine kindliche Phantasie.
Auf dem Herd kochte Tischlerleim. Hastig wurden die Zeichnungen geglättet, getrocknet, fixiert, auf Karton geklebt, eingepackt, verschnürt, versiegelt und dem Eisenbahner übergeben.

SKRJABIN

1

Die beiden ersten Jahrzehnte meines Lebens unterscheiden sich stark voneinander. In den neunziger Jahren besaß Moskau noch seinen althergebrachten Charakter malerischer, märchenhafter Abgeschiedenheit mit den legendären Zügen des Dritten Rom, der Recken-Residenz der Heldensagen, der ganzen Pracht seiner vierzig mal vierzig Kirchen. Die alten Bräuche herrschten ungebrochen. Im Herbst wurden in der Juschkowgasse, auf die der Hof der Schule hinausging, an der Kirche Florus und Laurus, den Schutzheiligen der Pferdezucht, die Pferde geweiht. Mit Kutschern und Stallburschen überschwemmten die Pferde die ganze Gasse bis zur Schule. Es war wie auf dem Roßmarkt.

Mit dem Beginn des neuen Jahrhunderts – so lebt es in meiner Kindererinnerung – veränderte sich alles wie durch einen einzigen Zauberschlag. Moskau wurde vom rasenden Geschäftsgeist gepackt, der die wichtigsten Weltstädte regierte. In stürmischem Tempo wurden hohe Mietshäuser nach dem Unternehmerprinzip des raschen Profits gebaut. Unversehens ragten in allen Straßen Ziegelsteingiganten zum Himmel. Gleichzeitig brachte Moskau, Petersburg überholend, eine neue russische Kunst hervor. Die Kunst einer Großstadt. Eine junge, moderne, neue Kunst.

2

Das Fieber der Jahrhundertwende erfaßte auch die Hochschule. Die staatlichen Subventionen reichten nicht mehr zu ihrer Unterhaltung. Geschäftsleute wurden beauftragt, Mittel zur Auffüllung des Budgets zu beschaffen. Dem Zug der Zeit entsprechend, wurde beschlossen, auf dem Terrain der Hochschule mehrstöckige Mietshäuser zu errichten. In der Mitte des Grundstücks sollten anstelle des alten Gartens verglaste Ausstellungsräume entstehen, die vermietet oder verpachtet werden konnten. Schon Ende der neunziger Jahre begann man, die Hofgebäude und die Schuppen abzutragen und in dem gerodeten Garten tiefe Baugruben auszuheben. Die Gruben füllten sich mit Wasser, und wie in Teichen trieben ertrunkene Ratten an der Oberfläche. Vom Rand her sprangen Frösche in die Baugruben und wieder hinaus. Auch unser Flügel mußte abgerissen werden.
Im Laufe des Winters machte man uns im Hauptgebäude eine Wohnung zurecht. Das Areal bestand aus zwei oder drei Unterrichtsräumen und einem Hörsaal. 1901 zogen wir ein. Die neue Wohnung war zu Räumen zusammengeschneidert, von denen einer rund war, andere noch kapriziösere Formen hatten. In der neuen Behausung, in der wir zehn Jahre lebten, hatten wir eine halbmondförmige Vorratskammer und ein halbmondförmiges Badezimmer, eine ovale Küche, und ins Eßzimmer ragte eine halbrunde Ausbuchtung hinein. Durch die Wohnungstür drangen ständig Geräusche aus den Schulwerkstätten und von den Korridoren zu uns. Und im hintersten Zimmer konnte man der Vorlesung von Professor Tschaplygin über den Bau von Heizungsanlagen zuhören, die er in der Architekturklasse hielt.
In den vorhergehenden Jahren, noch in der alten Wohnung, hatten bald meine Mutter, bald Privatlehrer mich unterrichtet. Einige Zeit bereiteten sie mich für das Peter-Paul-Gymnasium * vor. Daher war Deutsch in allen Fächern meine Unterrichtssprache. Von allen Lehrern, an die ich mich

dankbar erinnere, nenne ich meine erste Lehrerin Jekaterina Boratynskaja. Sie schrieb Kinderbücher und übersetzte englische Literatur für die Jugend. Sie hat mich lesen und schreiben gelehrt, die Anfänge der Arithmetik und des Französischen und mir beigebracht, richtig auf einem Stuhl zu sitzen und den Federhalter in der Hand zu halten. Zum Unterricht bei ihr wurde ich in ihr möbliertes Zimmer gebracht. Es war dunkel, von oben bis unten mit Büchern vollgestopft, roch nach Reinlichkeit und Strenge, nach gekochter Milch und geröstetem Kaffee. Hinter dem Fenster mit seiner Spitzengardine fiel schmutziger, grau-cremefarbener Schnee wie Maschen aus einer Häkelarbeit. Das lenkte mich ab, und ich antwortete Jekaterina Iwanowna, die sich mit mir französisch unterhielt, nicht richtig. Nach dem Unterricht wischte sie meine Feder am Futter ihrer Jacke ab und wartete, bis mich jemand abholte.

1901 wurde ich in die zweite Klasse des Moskauer Fünften Gymnasiums eingeschult. Es war nach Wannowskijs Schulreform * als humanistisches Gymnasium erhalten geblieben und hatte neben den naturwissenschaftlichen und anderen neu hinzugekommenen Fächern den Griechischunterricht beibehalten.

3

Im Frühling 1903 mietete mein Vater eine Datscha in Obolenskoje bei Malojaroslawez an der Bahnstrecke nach Brjansk, der heutigen »Kiewer Linie«. Unser Datschennachbar war Skrjabin. Damals verkehrten wir noch nicht von Haus zu Haus.

Die Datschen standen in einigem Abstand auf einer Anhöhe am Waldrand. Wie es üblich war, kamen wir frühmorgens auf der Datscha an. Die Sonne zersplitterte im Laub der Bäume, die tief über unser Haus hingen. Die mit Bast eingenähten Packen und Ballen wurden aufgetrennt, Bettwäsche,

Lebensmittel, Pfannen und Eimer herausgeholt. Ich rannte in den Wald.

Wie erfüllt von Gott und Gotteskräften war er an jenem Morgen! Sonne durchdrang ihn aus allen Richtungen, Schatten wogten durcheinander und ließen die Baumkronen in ständig wechselndem Licht erscheinen. Im auf- und absteigenden Geäst erklang das Zwitschern der Vögel in diesem überraschenden Ton, an den man sich nie gewöhnt, der, anfänglich ungestüm laut, dann allmählich abklingend, in seiner eifrig wiederholenden Hartnäckigkeit dem fern sich hinziehenden Walddickicht ähnelt. Und genauso wie sich im Wald Licht und Schatten abwechselten, wie die Vögel von Ast zu Ast flogen und sangen, so durchschwirrten und durchrollten ihn Bruchstücke und Akkorde der Dritten Symphonie »Le Poème divin«, die in der Nachbardatscha am Flügel komponiert wurde.

Oh Gott, was für eine Musik! Ununterbrochen zerfiel die Symphonie in Trümmer wie eine Stadt unter Artilleriebeschuß und erhob sich neu, wuchs aus Schutt und Asche wieder empor. Ihr bis zum äußersten durchgearbeiteter Gehalt war so neu wie der in Leben und Frische atmende, in diesen Frühlingsmorgen des Jahres 1903 – nicht etwa 1803 – gekleidete Wald. Wie in diesem Wald kein Stück Papier, kein buntes Blech zu finden war, so gab es auch in dieser Symphonie nichts verlogen Tiefes, kein rhetorisch Ehrfurchtsvolles »wie bei Beethoven«, »wie bei Glinka«, »wie bei Iwan Iwanowitsch«*, wie bei Fürstin Marja Alexejewna«*. Die tragische Kraft der Komposition streckte allem Schwächlichen, allgemein Anerkannten, aller majestätischen Borniertheit triumphierend die Zunge heraus. Sie war kühn bis zur Verrücktheit, bis zur Kindlichkeit, mutwillig, elementar und frei wie ein gefallener Engel.

Es war anzunehmen, daß ein Mensch, der solche Musik schreibt, sich selbst begreift und nach der Arbeit sich hell, klar, gelöst und ruhig fühlt wie Gott, als er am siebenten Tage von seinem Werk ausruhte. Und so war er in der Tat.

Oft ging Skrjabin mit meinem Vater auf der Warschauer Chaussee, die bei uns vorüberführte, spazieren. Manchmal begleitete ich sie. Skrjabin liebte es, nach einem Anlauf sich in leichten Sprüngen vorantragen zu lassen wie ein Steinchen, das, flach übers Wasser geworfen, vom Wasser abprallt und weiterhüpft. Es fehlte nicht viel, gleich würde er sich vom Boden heben und durch die Luft schweben. Überhaupt hatte er verschiedene Arten spiritueller Leichtigkeit und schwereloser Beweglichkeit in sich entwickelt. Dazu gehörte seine bezaubernde Eleganz, das weltmännische Auftreten, mit dem er in Gesellschaft alles Schwerwiegende vermied und sich bemühte, hohl und oberflächlich zu erscheinen. Um so verblüffender waren seine paradoxen Aperçus auf unseren Spaziergängen in Obolenskoje.

Er diskutierte mit meinem Vater über das Leben, über die Kunst, über Gut und Böse. Er attackierte Tolstoj, verfocht Übermenschentum, Amoralismus, Nietzsches Philosophie. Nur in einem Punkt stimmten sie überein: in ihren Ansichten über Wesen und Aufgabe künstlerischer Meisterschaft. In allem anderen waren sie uneins.

Ich war zwölf Jahre alt und verstand die Hälfte ihrer Dispute nicht. Aber Skrjabin faszinierte mich durch die Frische seines Geistes. Ich liebte ihn besinnungslos. Ohne in das Wesen seiner Ansichten eindringen zu können, war ich immer auf seiner Seite. Bald darauf reiste er für sechs Jahre in die Schweiz.

In jenem Herbst verzögerte sich unsere Rückkehr in die Stadt durch ein Mißgeschick, das mir zustieß. Mein Vater arbeitete an dem Bild »Abendlicher Ritt«. Es zeigt Mädchen aus dem Dorf Botscharowo, die bei Sonnenuntergang in wildem Galopp eine Pferdeherde in die Sumpfwiesen unterhalb unseres Hügels trieben. Eines Abends ritt ich mit. Beim Sprung über einen breiten Bach ging mein Pferd durch, ich stürzte und brach mir das Bein. Es heilte schlecht und blieb etwas verkürzt. Das befreite mich später vom Militärdienst.

Schon vor diesem Sommer in Obolenskoje hatte ich ein bißchen auf dem Klavier geklimpert, mit Ach und Krach auch eigenes zustande gebracht. Jetzt, unter dem Eindruck der Vergötterung Skrjabins entflammte meine Neigung zum Improvisieren und Komponieren zur Leidenschaft. Seit jenem Herbst beschäftigte ich mich sechs Jahre lang – während meiner gesamten Gymnasialzeit – gründlich mit Kompositionstheorie, anfänglich unter der Aufsicht des hochherzigen Musiktheoretikers und Kritikers Julij Dmitrijewitsch Engel *, später unter der Leitung von Reinhold Moritzowitsch Glier *.
Niemand zweifelte an meiner Zukunft. Mein Schicksal schien entschieden zu sein, der Weg gewählt. Man hielt mich bereits für einen Musiker und verzieh mir um der Musik willen jede undankbare Schweinerei Älteren gegenüber, denen ich nicht das Wasser reichen konnte, jede Art von Bockigkeit, Ungehorsam, flegelhaftem Betragen. Das war auch im Gymnasium nicht anders. Wenn ich in der Griechisch- oder Mathematikstunde bei der Arbeit an einer Fuge oder bei der Lösung eines kontrapunktischen Problems ertappt wurde, das aufgeschlagene Notenheft vor mir auf dem Pult, dann wie ein Klotz dastand und nichts zu antworten wußte, traten die Mitschüler einstimmig für mich ein, und die Lehrer ließen mich ungeschoren. Trotzdem gab ich die Musik auf.
Ich gab sie auf, als ich mit Recht über meine Fortschritte frohlocken konnte und alle ringsum mich beglückwünschten. Mein Idol und Abgott kehrte aus der Schweiz zurück, brachte seine »Ekstase« und seine jüngsten Kompositionen mit. Moskau feierte seine Heimkehr und seine Erfolge. Skrjabin stand auf dem Gipfel seines Ruhmes. Ich wagte es, vor ihm zu erscheinen und ihm meine Arbeiten vorzuspielen. Die Aufnahme überstieg meine Erwartungen. Skrjabin hörte zu, ermutigte, beflügelte mich und segnete mich.
Doch niemand kannte meinen geheimen Kummer, niemand hätte ihn mir geglaubt. Beim Komponieren kam ich

zwar gut voran, aber in praktischer Hinsicht war ich hilflos. Ich spielte kaum einigermaßen Klavier, konnte nicht einmal richtig Noten lesen. Der Riß zwischen meinem neuartigen musikalischen Denken und der mangelhaften technischen Grundlage verwandelte die Gabe der Natur, die ein Quell der Freude hätte sein können, in einen Gegenstand ständiger Qual, die ich schließlich nicht mehr aushielt.

Wie hatte ein solches Mißverhältnis entstehen können? Ihm lag etwas Ungehöriges zugrunde, das Buße verlangte. Es war die unstatthafte pubertäre Arroganz, die nihilistische Verachtung gegenüber allem Erlernbaren, schulmäßig Erreichbaren. Ich verachtete alles Unproduktive, Handwerksmäßige in der dreisten Meinung, in diesen Dingen Bescheid zu wissen. Ich nahm an, im echten Leben müsse alles Wunder sein, himmlische Eingebung, nichts Erdachtes, Beabsichtigtes, Eigenmächtiges.

Das war die Kehrseite von Skrjabins Einfluß, der im übrigen für mich entscheidend geworden war. Seine Egozentrik war nur für ihn richtig und gerechtfertigt. Die Saat seiner Einsichten, die ich kindlich mißverstanden hatte, war auf fruchtbaren Boden gefallen.

Ich neigte ohnehin von kleinauf zu Mystik und Aberglauben und hatte den Drang, der Vorsehung zu vertrauen. Ungefähr seit jener bei Rodionow erwähnten Nacht glaubte ich an die Existenz einer höheren heroischen Welt, der mit Hingabe zu dienen sei, obwohl sie Leiden beschere. Wie oft war ich mit sechs, sieben, acht Jahren nahe daran, Selbstmord zu begehen!

Überall um mich her witterte ich Geheimnisse und Trugbilder aller Art. Nichts war so unsinnig, daß ich nicht daran geglaubt hätte. In sehr jungen Jahren – und nur da sind solche Torheiten einigermaßen verständlich – schien mir in Erinnerung an meine Mädchenkleider der allerersten Kindheit, ich sei in früheren Zeiten ein Mädchen gewesen und dieses bezaubernde, herrliche Wesen sei zurückzuholen, wenn ich meinen Gürtel so fest schnürte, bis ich in Ohnmacht fiel. Ein andermal bildete ich mir ein, ich sei nicht der Sohn meiner Eltern, sondern ein Findelkind, das sie adoptiert hatten.

Auch die Gründe für mein Unglück mit der Musik waren nicht sachlich sondern eingebildet, Zufallsvermutungen, Erwartung eines göttlichen Fingerzeigs, eines Himmelszeichens: Ich besaß das absolute Gehör nicht, eine Fähigkeit, die für meine Arbeit überflüssig war. Aber dieser Mangel bekümmerte und demütigte mich. Ich sah in ihm den Beweis dafür, daß meine Musik dem Schicksal und dem Himmel nicht wohlgefällig sei. Unter diesen Schlägen verzagte die Seele, mir sanken die Hände.

Ich riß die Musik aus mir heraus, trennte mich von der geliebten Welt sechsjähriger Mühen, Hoffnungen, Sorgen als vom allerteuersten. Die Gewohnheit, auf dem Klavier zu phantasieren, behielt ich noch einige Zeit bei, verlor aber allmählich die Übung darin. Später trieb ich die Enthaltsamkeit so weit, daß ich keine Taste mehr anrührte, nicht in Konzerte ging und den Umgang mit Musikern mied.

4

Skrjabins Vorstellungen vom Übermenschen entsprachen dem spezifisch russischen Hang zum Außerordentlichen. In der Tat: nicht nur die Musik muß, um etwas zu bedeuten, Übermusik sein, alles auf der Welt muß über sich hinauswachsen, um zu sich selbst zu kommen. Der Mensch, das Wirken des Menschen muß jenes Element von Unendlichkeit enthalten, das der Erscheinung Bestimmtheit und Charakter verleiht.

Angesichts meines heutigen Abstandes von der Musik und meiner abgestorbenen, vollkommen vermoderten Bindungen an sie ist vom Skrjabin meiner Erinnerungen, vom Skrjabin, der für mich Lebenselement und tägliches Brot

war, nur der Skrjabin der mittleren Periode, der dritten bis fünften Sonate etwa, übriggeblieben.
Das harmonische Wetterleuchten im »Prometheus« und in seinen letzten Werken sind mir nur Zeugnisse seines Genies aber keine Nahrung für die Seele. Derartige Zeugnisse brauche ich nicht, ich habe immer vorbehaltlos an sein Genie geglaubt.
Einige Frühverstorbene, Andrej Belyj, Welemir Chlebnikow * und auch andere haben sich vor ihrem Tode in die Suche nach neuen Ausdrucksmitteln vertieft, in den Traum von einer neuen Sprache, nach der sie fahndeten, deren Silben, Vokale und Konsonanten sie abtasteten.
Diese Untersuchungen habe ich nie verstanden. Meiner Meinung nach sind die erregendsten Entdeckungen dann gemacht worden, wenn der Künstler von seinem Gegenstand so erfüllt war, daß dieser ihm keine Zeit zum Nachdenken ließ und er Hals über Kopf sein neues Wort sagte, ohne zu analysieren, ob die Sprache neu oder alt sei.
Chopin hat in der überlieferten Tonsprache Mozarts und Fields * so erschütternd Neues in der Musik gesagt, daß es zu ihrem zweiten Anfang wurde.
So hat Skrjabin mit den fast unveränderten Mitteln seiner Vorgänger – schon in seiner Frühzeit – das Musikempfinden erneuert. Schon die Etüden Opus 8, die Preludien aus Opus 11 sind vollkommen zeitgemäß, sie enthalten eine Fülle innerer, nur musikalisch möglicher Entsprechungen zur Außenwelt, die ihn umgab: zum Lebensstil, zum Fühlen und Denken, zur Art des Reisens und der Kleidung jener Zeit. Die Melodien dieser Werke wirken so, daß sofort die Tränen zu fließen beginnen, aus den Augenwinkeln über die Backen zu den Mundwinkeln. Die Melodien vermischen sich mit den Tränen, rühren an den innersten Nerv, fließen zum Herzen. Man weint nicht aus Trauer, sondern weil diese Musik den Weg in unser Inneres so sicher und bestimmt findet.
Plötzlich unterbricht eine Antwort oder eine Erwiderung einfachen Gesprächscharakters den Fluß der Melodie, die

von einer höheren und weiblichen Stimme getragen wird. Eine unverhoffte, sofort bereinigte Auseinandersetzung. Und der Ton erschütternder Natürlichkeit, der in jedem Werk alles bedeutet, ist damit in das Kunstwerk eingeflossen.

Die Kunst ist voll von allgemein bekannten Binsenwahrheiten. Obwohl ihre Nutzung jedem offensteht, haben die allgemein bekannten Regeln lange zu warten, bis sie angewendet werden. Es bedarf eines seltenen Glücksfalles, der vielleicht nur einmal in hundert Jahren eintritt.

Ein solcher Glücksfall war Skrjabin. Wie Dostojewskij nicht nur Romanschriftsteller war und Blok nicht nur Lyriker*, so war Skrjabin nicht nur Komponist, er wurde zum Anlaß ewiger Huldigung, die Verkörperung des Triumphs russischer Kultur.

NACH DER JAHRHUNDERTWENDE

1

Die Studentenkundgebungen nach dem Manifest vom 17. Oktober * veranlaßte den Pöbel vom Ochotnyj Rjad *, die höheren Lehranstalten, die Universität und die Technische Hochschule zu demolieren. Auch der Hochschule für Malerei drohte ein Überfall. Auf Anordnung des Direktors wurden auf den Podesten der Paradetreppe Pflastersteine aufgehäuft und Schläuche an die Hydranten angeschlossen, um das Gesindel gebührend zu empfangen.

Manche Demonstranten trennten sich von der Menge, drangen in die Schule ein, veranstalteten in der Aula Meetings, besetzten mehrere Räume und hielten vom Balkon aus den auf der Straße Gebliebenen Ansprachen. Die Hochschüler hatten Kampfgruppen gebildet, die abwechselnd Nachtwache im Gebäude hielten.

Unter den Skizzen meines Vaters befinden sich einige Blätter aus jenen Tagen: Heransprengende Dragoner feuern von unten auf eine Agitatorin, die vom Balkon aus eine Rede hält. Sie wird getroffen, lehnt sich an eine Säule, um nicht umzusinken, und spricht weiter.

Gegen Ende des Jahres 1905 kam Gorkij nach Moskau. Hier herrschte Generalstreik *. Die Nächte waren bitterkalt. Biwakfeuer erhellten das in Dunkelheit versunkene Moskau, verirrte Kugeln pfiffen durch die Luft. Kosakenpatrouillen jagten mit verhängten Zügeln über den jungfräulichen, schweigenden Schnee, in dem kein Fußgänger seine Spur hinterlassen hatte.

Mein Vater traf sich mit Gorkij wegen einiger politisch-satirischer Zeitschriften – *Die Peitsche, Die Vogelscheu-*

che und andere –, an denen mitzuarbeiten Gorkij Vater eingeladen hatte. Wahrscheinlich geriet ich damals – oder auch erst nach unserem einjährigen Aufenthalt in Berlin * – zum ersten Mal im Leben an Verse von Alexander Blok. Ich erinnere mich nicht, was es war, »Die Weidenkätzchen« oder etwas aus den Olenina d'Ahlheim gewidmeten »Kindergedichten« oder etwas Revolutionäres, Städtisches. Aber ich erinnere mich so lebhaft an den Eindruck, daß ich ihn wiederaufleben lassen und beschreiben kann.

2

Was ist Literatur im gängigen, verbreitetsten Sinne des Wortes? Literatur ist die Welt der Eloquenz, der Gemeinplätze, der wohlgerundeten Phrasen und der geachteten Namen von Personen, die in ihrer Jugend das Leben beobachtet haben, aber berühmt geworden, zu Abstraktionen, Selbstzitaten und Besonnenheit übergingen. Wenn in diesem Reich der etablierten und eben deshalb nicht mehr wahrgenommenen Unnatürlichkeit jemand den Mund auftut, nicht etwa aus Liebe zur schönen Literatur, sondern weil er etwas weiß und es sagen will, entsteht der Eindruck einer Umwälzung, als sei eine Tür aufgerissen worden, in die der gewaltige Lärm des Lebens eindringt, als erzähle nicht ein Mensch von dem, was in der Stadt geschieht, sondern als verkünde die Stadt selber ihr Dasein durch den Mund eines einzelnen. So war es bei Blok. Derart waren seine einzigartige, kindlich makellose Sprache und die Kraft seiner Wirkung.

Schon im Druckbild zeigte sich das Neue; als ob dieses Neue sich ganz von selbst der gedruckten Seite bemächtigt habe, als seien diese Gedichte von niemandem verfaßt und niedergeschrieben worden. Auf diesen Seiten schienen nicht Verse über Wind, Pfützen, Laternen und Sterne zu stehen; die Laternen und Pfützen selber warfen ihr windig bewegtes Flimmern über die Seiten der Zeitschrift und hinterließen feuchte, machtvolle Spuren.

3

Mit Blok verbrachten wir, ein Teil meiner Altersgenossen, von denen noch zu sprechen sein wird, und ich unsere Jugend. Blok besaß alles, was den großen Dichter ausmacht: Glut, Zartheit, Eindringlichkeit, sein eigenes Weltbild und die Gabe der besonderen, alles verwandelnden Berührung, ein allen verborgenes Geschick, das sich ganz in ihm selbst erfüllte. Von diesen und vielen anderen Qualitäten will ich nur eine Seite hervorheben, die auf mich den maßgeblichen Eindruck gemacht hat und mir daher vorrangig erscheint: Bloks ungestüme Zielgerichtetheit, seine umherschweifende Aufmerksamkeit, die Schnelligkeit seiner Beobachtungen.

Licht schwankt in der schmalen Pforte.
Im Dämmerscheine, ganz verlassen,
Flüstert zaghaft mit den Schatten
Harlekin vor hohem Tore.

* * *

Schnee durch die Straßen weht.
Wirbelnder, taumelnder Schnee,
Jemand reicht mir die Hand,
Jemand lächelt mich an.

* * *

Jemand narrt mich mit seinem Licht.
So werden in Winternächten
Schatten zu Schemen
Am Straßenrand und verschwinden.*

Eigenschaftswörter ohne Hauptwörter, Verben ohne Substantive, Versteckspiel, flüchtig vorüberhuschende Figuren, Erregtheit, Stakkato. Wie sehr entsprach dieser Stil dem Geist der Zeit, dem sich verborgen haltenden, geheimen, untergründigen, der kaum seinen Verliesen entstieg, sich in der Sprache von Verschwörern ausdrückte, dessen Hauptperson die Stadt, das entscheidende Ereignis die Straße war.

Diese Züge durchdringen Blok grundlegend und beherrschend im zweiten Band der Alkonost-Ausgabe *. Ich nenne »Welt des Schreckens«, »Der letzte Tag«, »Betrug«, »Erzählung«, »Legende«, »Meeting«, »Die Unbekannte«; die Gedichte: »In Nebeln über taufunkelnde Rosen«, »Suchte in Schenken, Winkeln, Gassen«, »Im Kirchenchor war ein Mädchen«.*

Die Züge der Wirklichkeit sind als Luftstrom, als Wirbel der Blokschen Sensibilität in seine Bücher eingegangen; sogar in das Fernliegende, das als Mystik erscheinen oder das Göttliche genannt werden könnte. Alle seine Verse enthalten Fragmente des Alltags und des kirchlichen Lebens: Zitate aus Ektenien, aus Gebeten vorm Abendmahl, aus Sterbepsalmen, die jeder auswendig kannte und hundertmal in der Kirche gehört hat. Summe dieser Welt- und Seelenwirklichkeit, ihr Träger, ist die Stadt der Blokschen Gedichte, sie ist Held seiner Geschichte, seiner Biographie.

Diese Stadt, dieses Petersburg Bloks ist von keinem anderen neuzeitlichen Künstler so realistisch gezeichnet worden. Sie existiert ununterscheidbar zugleich in der Wirklichkeit und in der Phantasie. Sie ist erfüllt von der alltäglichen Prosa, der die Poesie ihre dramatische Erregtheit verdankt. In den Straßen erklingt jenes alltägliche Umgangsrussisch, das die Sprache der Dichtung erneuert.

Gleichzeitig ist das Bild dieser Stadt von so feinfühliger Hand zusammengesetzt und so vergeistigt, daß es zu einer ergreifenden Erscheinung kostbarster innerer Welt wird.

4

Ich hatte die Gelegenheit und das Glück, viele der in Moskau lebenden Dichter der älteren Generation kennenzulernen: Brjussow, Andrej Belyj, Wladislaw Chodassewitsch, Wjatscheslaw Iwanow, Jurgis Baltruschaitis*. Blok wurde ich während seines letzten Moskauer Aufenthalts vorgestellt, auf der Treppe oder im Korridor des Polytechnikums, in dem er an jenem Abend aus seinen Werken las. Blok war freundlich zu mir, sagte, er habe viel Gutes über mich gehört, klagte über sein Befinden und bat mich, meinen Besuch aufzuschieben, bis es ihm gesundheitlich besser gehe.
An diesem Abend hatte er an drei verschiedenen Orten zu lesen: im Polytechnikum, im Pressehaus und in der Dante-Gesellschaft, dort versammelten sich seine glühendsten Verehrer, er würde seine »italienischen Verse« lesen.
Zur Lesung im Polytechnikum war auch Majakowskij gekommen. Während des Vortrags sagte er mir, im Pressehaus wolle man unter dem Vorwand unbestechlicher Kritik ein »Blok-Benefiz« veranstalten, das heißt ein Katzenkonzert, einen Skandal heraufbeschwören. Er schlug vor, wir sollten zusammen hingehen und diese Niedertracht verhindern.
Wir verließen die Lesung, gingen aber zu Fuß, während Blok zu seinem zweiten Vortrag im Auto gebracht wurde; und ehe wir noch den Nikita-Boulevard mit dem Pressehaus erreicht hatten, war die Lesung bereits zu Ende, und Blok hatte sich in die Gesellschaft der Liebhaber italienischer Dichtung begeben. Der befürchtete Skandal hatte stattgefunden. Blok hatte die Lesung kaum beendet, als man ihn mit den ungeheuerlichsten Anwürfen überschüttete, ihm schamlos ins Gesicht sagte, seine Zeit sei vorbei, er sei innerlich tot. Er gab es in aller Ruhe zu. Dieser Zwischenfall spielte sich wenige Monate vor seinem wirklichen Tod ab.*

5

In jenen Jahren unserer ersten Wagnisse verfügten nur zwei Menschen, Assejew und Marina Zwetajewa * über eine dichterisch reife und vollkommen durchgebildete Sprache. Die vielgepriesene Originalität der anderen, mich eingeschlossen, entsprang absoluter Hilflosigkeit und Unfreiheit. Sie hinderte uns jedoch nicht daran, zu schreiben, zu publizieren und zu übersetzen. Von all meinen deprimierend dilettantischen Arbeiten jener Zeit sind die schlechtesten meine Übersetzungen von Ben Johnsons Drama *Der Alchimist* und Goethes Dichtung *Die Geheimnisse*. Unter den Rezensionen Bloks, die er für den Verlag »Weltliteratur« geschrieben hat und die im letzten Band seiner Werke erschienen sind, findet sich auch eine Besprechung dieser Übersetzungen. Seine vernichtende und geringschätzige Kritik ist gerecht und durchaus angemessen.

Doch es ist Zeit, den Bericht da fortzusetzen, wo er, spätere Ereignisse vorwegnehmend, unterbrochen wurde: in jenen längst vergangenen Jahren nach der Jahrhundertwende.

6

Ich war in der dritten oder vierten Klasse des Gymnasiums, als ich mit einer Freifahrkarte, die mir mein Onkel – Direktor des Petersburger Güterbahnhofs der Nikolaj-Linie – geschenkt hatte, in den Weihnachtsferien allein nach Petersburg fuhr. Tagelang durchstreifte ich die Straßen der unsterblichen Stadt, verschlang sie mit Füßen und Augen wie die Seiten eines genialen steinernen Buches. Die Abende verbrachte ich im Theater der Komissarshewskaja *. Regelrecht vergiftet von der modernsten Literatur, schwärmte ich für Belyj, Hamsun und Przybyszewski *. Ein noch intensiveres Reiseerlebnis hatte ich 1906, als unsere ganze Familie nach Berlin fuhr. Es war mein erster Aufenthalt im Ausland.

Alles war ungewöhnlich, alles war anders. Als lebtest du nicht in der Wirklichkeit, sondern sähest einen Traum, nähmest teil an einem imaginären, für niemanden verbindlichen Schauspiel. Du kennst niemand. Niemand hat dir etwas zu sagen.
Eine lange Reihe sich öffnender und wieder zuklappender Türen die ganze Wand der Wagen entlang, zu jedem Coupé eine Tür. Eine viergleisige ringartige Brückenkonstruktion hängt über Straßen, Kanälen, über Rennställen und Hinterhöfen der Riesenstadt. Einander einholende, überholende, nebeneinander herfahrende oder einander kreuzende Züge. Sich verdoppelnde, sich kreuzende, einander überspringende Straßenlaternen unter den Brücken; die Lichter der ersten und zweiten Etagen auf gleicher Höhe mit den Stadtbahngleisen; mit buntfarbigen Lämpchen illuminierte Automaten in den Bahnhofsbufetts mit Zigarren, Süßigkeiten, gebrannten Mandeln. Rasch gewöhnte ich mich an Berlin, vagabundierte durch seine zahllosen Straßen und den grenzenlosen Park. Ich sprach deutsch und ahmte den Berliner Dialekt nach, atmete das Gemisch von Lokomotivendampf, Leuchtgas und Bierschaum ein und hörte Wagner.
Berlin war voller Russen. Der Komponist Rebikow * spielte Bekannten sein Stück »Der Weihnachtsbaum« vor. Er unterschied zwischen drei Musikepochen: animalische Musik bis zu Beethoven, menschliche Musik in der folgenden Epoche und, mit ihm beginnend, die Musik der Zukunft.
Auch Gorkij hielt sich in Berlin auf. Vater porträtierte ihn. Andrejewa * gefielen auf dem Bild seine kantig vorspringenden Backenknochen nicht. Sie sagte: »Sie haben ihn nicht verstanden. Er ist gotisch.« So drückte man sich damals aus.

7

Es muß nach dieser Reise und der Rückkehr nach Moskau gewesen sein, daß ein anderer großer Dichter dieses Jahrhunderts in mein Leben trat: der damals noch kaum bekannte, heute in der ganzen Welt anerkannte deutsche Dichter Rainer Maria Rilke *. Im Jahre 1900 besuchte er Tolstoj in Jasnaja Poljana, er kannte meinen Vater und korrespondierte mit ihm. Einen Sommer lang war er nahe bei Klin in Sawidow bei dem Bauerndichter Droshshin * zu Gast.

In jenen fernen Jahren hatte er meinem Vater seine frühen Gedichtbände mit warmherzigen Widmungen geschickt. Zwei dieser Bücher fielen mir sehr viel später in die Hand, in einem der beschriebenen Winter, und überwältigten mich ebenso wie die ersten Gedichte von Blok durch die Dringlichkeit der Aussage, durch Unbedingtheit, Ernst und Bestimmtheit der Sprache.

8

Bei uns kennt man Rilke überhaupt nicht. Die wenigen Versuche, seine Dichtung ins Russische zu übertragen, sind gescheitert. Das ist nicht die Schuld der Übersetzer. Sie waren gewöhnt, den Sinn zu reproduzieren, nicht den Wortklang, der aber ist hier entscheidend.

1913 weilte Verhaeren in Moskau. Vater malte ihn. Er bat mich hin und wieder, bei solchen Sitzungen Gesellschaft zu leisten, damit das Gesicht des Modells nicht einen starren, unlebendigen Ausdruck annähme. Einmal hatte ich den Historiker Kljutschewskij * unterhalten müssen. Jetzt also Verhaeren. Mit verständlicher Begeisterung sprach ich zu ihm über sein eigenes Werk und fragte dann schüchtern, ob er schon einmal von Rilke gehörte habe. Ich nahm nicht an, daß Verhaeren ihn kannte. Sofort war er wie verwandelt. Va-

ter hätte sich nichts Besseres wünschen können. Allein der Name belebte das Gesicht des Modells stärker, als all mein Geplauder. »Er ist der beste Dichter Europas«, sagte Verhaeren, »ich betrachte ihn als meinen geliebten Bruder.«
Für Blok ist Prosa die Quelle, aus der ein Gedicht entsteht. Er bezieht sie nicht in das System seiner Ausdrucksmittel ein. Für Rilke sind die malerischen und psychologischen Verfahren der zeitgenössischen Romanschriftsteller (Tolstoj, Flaubert, Proust und die Skandinavier) von Sprache und Stil seiner Dichtung nicht zu trennen.
Aber ich könnte mich noch so sehr bemühen, Rilkes Eigenart zu analysieren und zu beschreiben, es gelänge nicht, einen Begriff davon zu vermitteln, ohne einige Beispiele anzuführen; ich habe sie eigens für dieses Kapitel übersetzt.*

9

Rainer Maria Rilke
Der Lesende

Ich las schon lang. Seit dieser Nachmittag,
mit Regen rauschend, an den Fenstern lag.
Vom Winde draußen hörte ich nichts mehr;
mein Buch war schwer.
Ich sah ihm in die Blätter wie in Mienen,
die dunkel werden von Nachdenklichkeit,
und um mein Lesen staute sich die Zeit. –
Auf einmal sind die Seiten überschienen,
und statt der bangen Wortverworrenheit
steht: Abend, Abend... überall auf ihnen.
Ich schau noch nicht hinaus, und doch zerreißen
die langen Zeilen, und die Worte rollen
von ihren Fäden fort, wohin sie wollen...
Da weiß ich es: über den übervollen
glänzenden Gärten sind die Himmel weit;

die Sonne hat noch einmal kommen sollen. –
Und jetzt wird Sommernacht, soweit man sieht:
Zu wenig Gruppen stellt sich das Verstreute,
dunkel, auf langen Wegen, gehn die Leute,
und seltsam weit, als ob es mehr bedeute,
hört man das Wenige, das noch geschieht.

Und wenn ich jetzt vom Buch die Augen hebe,
wird nichts befremdlich sein und alles groß.
Dort draußen ist, was ich hier drinnen lebe,
und hier und dort ist alles grenzenlos;
nur daß ich mich noch mehr damit verwebe,
wenn meine Blicke an die Dinge passen
und an die ernste Einfachheit der Massen –
da wächst die Erde über sich hinaus.
Den ganzen Himmel scheint sie zu umfassen:
der erste Stern ist wie das letzte Haus.

Rainer Maria Rilke

Der Schauende

Ich sehe den Bäumen die Stürme an,
die aus laugewordenen Tagen
an meine ängstlichen Fenster schlagen,
und höre die Fernen Dinge sagen,
die ich nicht ohne Freund ertragen,
nicht ohne Schwester lieben kann.

Da geht der Sturm, ein Umgestalter,
geht durch den Wald und durch die Zeit,
und alles ist wie ohne Alter:
die Landschaft, wie ein Vers im Psalter,
ist Ernst und Wucht und Ewigkeit.

Wie ist das klein, womit wir ringen,
was mit uns ringt, wie ist das groß;
ließen wir, ähnlicher den Dingen,
uns so vom großen Sturm bezwingen –
wir würden weit und namenlos.

Was wir besiegen, ist das Kleine,
und der Erfolg selbst macht uns klein.
Das Ewige und Ungemeine
will nicht von uns gebogen sein.
Das ist der Engel, der den Ringern
des Alten Testaments erschien;
wenn seiner Widersacher Sehnen
im Kampfe sich metallen dehnen,
fühlt er sie unter seinen Fingern
wie Saiten tiefer Melodien.

Wen dieser Engel überwand,
welcher so oft auf Kampf verzichtet,
der geht gerecht und aufgerichtet
und groß aus jener harten Hand,
die sich, wie formend, an ihn schmiegte.
Die Siege laden ihn nicht ein.
Sein Wachstum ist: Der Tiefbesiegte
von immer Größerem zu sein.

10

Etwa seit 1907 sprossen neue Verlage wie Pilze aus der Erde. Auch Konzerte moderner Musik wurden jetzt häufiger veranstaltet. Eine Kunstausstellung drängte die andere. Die Veranstalter waren »Die Welt der Kunst«, »Das goldene Vlies«, »Karo-Bube«, »Eselsschwanz« und »Blaue Rose« *. Neben den Russen Somow, Sapunow, Sudejkin, Krymow, Larionow, Gontscharowa * waren auch Franzosen vertreten, etwa Bonnard und Vuillard. »Das goldene Vlies« zeigte in seinen mit Vorhängen abgedunkelten Räumen, in denen die ringsum aufgestellten Hyazinthen erdigen Treibhausgeruch ausströmten, Matisse und Rodin. Die Jugend war auf ihrer Seite.

Auf dem Gelände eines der Neubauten in Rasguljaj war das alte hölzerne Wohnhaus des Eigentümers, eines Generals, stehengeblieben. Im Mezzanin sammelte sein Sohn, der Dichter und Maler Julian Pawlowitsch Anissimow, gleichgesinnte junge Leute um sich. Er hatte schwache Lungen und lebte im Winter im Ausland. Im Frühling und im Herbst besuchten ihn bei gutem Wetter seine Freunde. Man las, man musizierte, zeichnete, diskutierte, aß etwas und trank Tee mit Rum. Dort lernte ich eine Menge Menschen kennen.

Der Hausherr, ein außerordentlich begabter Mann von erlesenem Geschmack, hochgebildet und kultiviert, der mehrere Sprachen so beherrschte wie die russische, verkörperte in sich die Poesie auf einer Stufe, die den Charme des Amateurs ausmacht, von der aus es aber nur schwer gelingt, darüberhinaus schöpferisch zu werden durch Persönlichkeits- und Charakterstärke, die zu Meisterschaft führt. Wir hatten ähnliche Neigungen, unsere Vorliebe galt denselben Künstlern. Er gefiel mir sehr.

Hierher kam auch der verstorbene Sergej Nikolajewitsch Durylin *, der damals unter dem Pseudonym Sergej Rajewskij schrieb. Er war es, der mich von der Musik zur Literatur hinüberlockte, als er gütigerweise in meinen ersten Versuchen einiges Bemerkenswerte zu finden glaubte. Er lebte ärmlich, verdiente durch Stundengeben den Unterhalt auch noch für Mutter und Tante. In seiner begeisterten Geradlinigkeit und der ungestümen Überzeugtheit von seinen Ansichten erinnerte er an Belinskij *, wie die Überlieferung ihn schildert.

Hier machte mich mein Studienfreund K. R. Lox, den ich schon länger kannte, auf Innokentij Annenskijs * Gedichte aufmerksam; er meinte, eine gewisse Verwandtschaft zwi-

schen meinen eigenen Versuchen und Entgleisungen und dem Werk des bedeutenden, mir damals noch unbekannten Dichters zu sehen.
Der Kreis hatte auch einen Namen: »Serdarda«. Ein Wort, dessen Bedeutung niemand kannte. Der Dichter und Bassist Arkadij Gurjew wollte es einmal auf der Wolga gehört haben. Im nächtlichen Durcheinander an einer Anlegestelle, als zwei Dampfer Bord an Bord miteinander vertäut wurden, und die Passagiere des zweiten Schiffes, um an Land zu kommen, sich mit ihrem Gepäck zwischen den Fahrgästen und Güterladungen im Inneren des ersten durchzwängen mußten, schlug dieser seltsame Laut an sein Ohr.
Gurjew stammte aus Saratow. Er besaß eine mächtige, doch weiche Stimme und brachte die dramatischen und gesanglichen Feinheiten seiner Partien vollendet zum Ausdruck. Wie jedes urwüchsige Talent verblüffte er durch seine ständigen Späße und Clownerien ebenso wie durch die tiefe Originalität, die hinter seiner Gespreiztheit durchschimmerte. Seine außerordentlichen Gedichte nahmen die schrankenlose Aufrichtigkeit eines Majakowskij und die präzisen, leicht faßlichen Bilder eines Jessenin * vorweg. Er war ein Sänger und Schauspieler von Geblüt, von jener Ursprünglichkeit, die Ostrowskij * so oft dargestellt hat.
Gurjew hatte eine große Stirn, sein Kopf war rund wie eine Zwiebel und sein Näschen winzig. Die ersten Anzeichen künftiger Kahlköpfigkeit machten sich schon über den ganzen Schädel von der Stirn bis zum Nacken hinunter bemerkbar. Alles an ihm war Bewegung, Ausdruck. Er gestikulierte nicht, fuchtelte nicht mit den Armen herum. Aber wenn er im Stehen sprach oder deklamierte, schien sein ganzer Oberkörper umherzugehen, zu spielen, für ihn zu sprechen. Er neigte den Kopf, warf den Oberkörper zurück. Er trank recht gern, und im Rausch glaubte er an alle seine Einfälle. Am Schluß seiner Vorführungen blieb er einen Augenblick wie angewurzelt stehen und versicherte ernsthaft, der Teufel halte ihn am Bein fest.

Im Serdarda verkehrten Dichter, Maler und Musiker, B. Krassin, der Bloks »Weidenkätzchen« vertont hatte, Sergej Bobrow*, der später mein Debut unterstützte und der in Rasguljaj für einen neu erstandenen russischen Rimbaud gehalten wurde, der Verleger des *Mussaget**, Alexander Koshebatkin und, bei seinen Moskaubesuchen, Sergej Makowskij, der Herausgeber des *Apollon*.
Ich selbst war durch meinen ehemaligen Ruf als Musiker in den Serdarda-Kreis gelangt. Zu Beginn des Abends improvisierte ich auf dem Klavier das musikalische Porträt jedes Ankömmlings, bis die Gesellschaft versammelt war.
Die kurze Frühlingsnacht war schnell vorüber. Durch das offene Fenster wehte morgendliche Kühle. Ihr Atem bauschte die Gardinen; die Flammen der heruntergebrannten Kerzen zitterten, auf dem Tisch flüsterten Notenblätter und Manuskripte. Und alle gähnten – die Gäste, der Hausherr, die öden Fernen, der graue Himmel, die Zimmer und die Treppen. Wir trennten uns auf den endlos scheinenden breiten, menschenleeren Straßen und überholten die rumpelnden Tonnen der Stadtreinigung. »Kentauren« nannte sie jemand im Ton der Zeit.

11

Um den Verlag »Mussaget« hatte sich eine Art Akademie gebildet. Zu ihr gehörten Andrej Belyj, Fjodor Stepun, Grigorij Ratschinkisj, Boris Sadowskoj, Emil Mettner, Wladimir Schönrock, Michail Petrowskij, Lew Ellis-Kobylinskij, W. O. Nieländer.*
Gemeinsam mit einer Gruppe enthusiastischer junger Leute befaßten sie sich mit Problemen des Rhythmus, mit der Geschichte der deutschen Romantik, mit russischer Lyrik, mit der Ästhetik Goethes und Wagners, mit Baudelaire und den französischen Symbolisten und mit der Philosophie der Vorsokratiker.

Die Seele all dieser Bemühungen und unbestrittene Autorität war Andrej Belyj. Als hervorragender Lyriker und mehr noch als Verfasser der *Symphonien in Prosa* und der Romane *Die silberne Taube* und *Petersburg* hat er vor der Revolution den literarischen Geschmack jener Zeitgenossen verändert, mit denen die sowjetische Prosa begann.
Andrej Belyj besaß alle Züge eines Genies, das nicht von den Mühen und dem Verdruß des Alltags gezeichnet, nicht beengt ist durch eine Familie oder durch das Unverständnis seiner Nächsten – eines Genies, das sich ins Leere verausgabt und dessen schöpferische Kräfte sich ins Unfruchtbare, ja Zerstörerische verkehren. Dieser Fehler, eine Folge übermäßiger Vergeistigung minderte sein Ansehen nicht, rief vielmehr Teilnahme hervor und fügte seinem Zauber einen Leidenszug bei.
In einem von ihm veranstalteten Kursus ließ er praktische Versuche mit dem klassischen russischen Jambus anstellen. Mit statistischen Methoden wurden die verschiedenen rhythmischen Figuren und Variationsformen analysiert. Ich nahm an den Arbeiten dieses Zirkels nicht teil, weil ich schon damals meinte, daß die Musik der Sprache kein akustisches Phänomen und nicht dasselbe ist wie der Wohlklang der einzelnen Vokale und Konsonanten, sondern in der Wechselwirkung zwischen Bedeutung und Klang des Wortes besteht.
Mitunter traf sich die Jugend des »Mussaget« statt im Büro des Verlages auch anderswo – etwa im Atelier des Bildhauers Kracht an der Pressnja.
Der obere Teil des Ateliers, eine Art Hängeboden, war Wohnraum. Im unterem, mit Efeu und anderen Pflanzen dekorierten Zimmer schimmerten zwischen dem Grün der Gewächse weiß die Kopien antiker Torsos, Gipsmasken und eigene Plastiken des Künstlers.
Einmal, im Spätherbst, hielt ich in diesem Atelier einen Vortrag über Symbolismus und Unsterblichkeit. Ein Teil meiner Zuhörer saß unten, ein anderer oben und ließ auf

dem Boden ausgestreckt, die Köpfe über den Rand des Hängebodens herabhängen.
Ich ging in meinem Vortrag von der Annahme aus, daß alle unsere Wahrnehmungen subjektiv seien und daß, was wir als Töne und Farben in der Natur empfinden, objektiv der Bewegung von Schall- und Lichtwellen entspricht. Mein Hauptgedanke war, daß diese Subjektivität nicht individuell an die einzelne Person gebunden, sondern eine überpersönliche, allgemein menschliche Eigenschaft sei: die Subjektivität der menschlichen Welt, der Gattung Mensch. Ich setzte voraus, daß von jedem Sterblichen ein Teilchen dieser Gattungssubjektivität, die er zu Lebzeiten besaß und durch die er in die Menschheitsgeschichte einbezogen war, ihn überlebt. Ich stellte die Hypothese auf, daß möglicherweise dieser spezifisch subjektive und allgemein menschliche Winkel oder Anteil der Seele der ewige Bereich künstlerischen Wirkens und Hauptinhalt der Kunst sei; daß darüberhinaus das Daseinsglück des natürlich wie alle Menschen sterblichen Künstlers in seinen Werken unsterblich ist und von anderen, die in eigener Form und Intensität seinen ursprünglichen Empfindungen nahekommen, auch noch ein Jahrhundert später erfahren werden kann.
Ich hatte den Vortrag »Symbolismus und Unsterblichkeit« genannt, weil ich in ihm das bedingt symbolische Wesen aller Kunst behauptete und zwar in jenem umfassend allgemeinen Sinn, wie man etwa von der Symbolik der Algebra spricht.
Das Referat hatte Eindruck gemacht. Man sprach darüber. Ich kehrte erst spät heim. Zu Hause erfuhr ich, daß Tolstoj nach seiner Flucht aus Jasnaja Poljana erkrankt und auf der Bahnstation Astapowo gestorben war.* Vater war telegraphisch hingerufen worden. Wir besorgten eilig unser Gepäck und begaben uns zum Nachtzug auf den Pawelezker Bahnhof.

12

Damals war eine Fahrt aus der Stadt hinaus auffallender als heute. Ländliches und Städtisches unterschieden sich stärker. Vom frühen Morgen an und während des ganzen Tages war unser Waggonfenster erfüllt von der grenzenlosen, ebenen Weite brachliegender oder mit Wintersaat bestellter Felder, nur selten von kleinen Ortschaften belebt. Es waren die über Tausende von Werst sich hinstreckenden Äcker des bäuerlichen Rußland, das für das kleine städtische Rußland arbeitete und es ernährte. Die ersten Fröste versilberten die Erde, und die Birken an den Wegrändern rahmten sie mit dem Gold ihres späten Laubes ein. Das Silber des Frostes und das Gold der Birken lagen auf der Erde wie ein bescheidener Schmuck, wie Blattgold und Silberfolien auf ihren heiligen und demütigen Altertümern.

Das gepflügte und nun ruhende Land glitt an den Wagenfenstern vorüber und wußte nicht, daß in der Nähe, gar nicht weit entfernt, sein letzter Recke gestorben war, der seiner Abstammung nach sein Zar und durch den Reichtum seines Geistes, der alles Zarte und Feine dieser Welt in sich aufgenommen hatte, Herr der Herren und Glücklichster der Glücklichen hätte sein können, der aber aus Liebe zu diesem Land, aus Gewissenhaftigkeit hinter dem Hakenpflug ging und Hemd und Gürtel eines Bauern trug.

13

Es war inzwischen bekannt geworden, daß ein Maler den Verstorbenen zeichnen und der mit Merkurow zusammen eingetroffene Modelleur die Totenmaske abnehmen sollte. Alle Besucher, die Tolstoj die letzte Ehre erweisen wollten, waren gebeten worden, sich zu entfernen. Als wir eintraten, war das Zimmer leer. Aus einer entfernten Ecke eilte die verweinte Sofja Andrejewna auf Vater zu, ergriff seine Hand und stieß mit halberstickter Stimme aus: »Ach, Leonid Ossipowitsch, was habe ich erdulden müssen. Sie wissen, wie sehr ich ihn geliebt habe!« Sie erzählte, daß sie, als Tolstoj fortgegangen war, versucht hatte, sich zu ertränken und kaum noch lebend aus dem Teich gezogen worden war.

Im Zimmer lag ein Berg, riesig wie der Elbrus. Und sie war ein abgelöster Felsteil dieses Berges. Eine Gewitterwolke, groß wie der halbe Himmel, erfüllte das Zimmer, und sie war ein Blitz aus dieser Wolke. Und sie wußte nicht, daß sie das Recht des Felsens und des Blitzes besaß, das Recht zu schweigen und durch Unergründlichkeit zu überwältigen, nicht aber das Recht, sich auf einen Streit mit dem einzulassen, was auf der Welt am wenigsten Tolstoj gemäß war – mit den Tolstojanern –, und sich in einen Zwergenkampf zu verstricken.

Sie wollte sich rechtfertigen; und sie rief meinen Vater zum Zeugen, daß sie an treuer Ergebenheit und Einfühlung ihre Widersacher übertreffe und den Verstorbenen besser behütet hätte als jene. O Gott, dachte ich, wohin kann es mit einem Menschen, mehr noch, mit der Frau Tolstojs kommen!

Seltsam in der Tat! Ein moderner Mensch, der das Duell als veraltet ablehnt, schreibt ein Riesenwerk über Duell und Tod Puschkins*. Armer Puschkin! Hätte er doch Schtschogoljew und die jüngste Puschkinforschung geheiratet, alles wäre in Ordnung gewesen. Er hätte bis in unsere Tage gelebt, hätte einige Fortsetzungen zum Onegin verfaßt und vielleicht fünf Poltawa-Poeme geschrieben statt eines einzigen. Dabei habe ich immer geglaubt, ich würde aufhören Puschkin zu verstehen, wenn ich für möglich hielte, daß er unser Verständnis nötiger brauche als das von Natalija Nikolajewna*.

14

Aber in der Ecke lag kein Berg, sondern ein kleiner verrunzelter Greis – eine jener Greisengestalten, die Tolstoj so oft geschildert hat und die er immer wieder in seinen Werken auftreten ließ. Ringsum standen kleine Tannen. Die sinkende Sonne zerteilte den Raum durch vier schräge Lichtgarben und bekreuzigte die Ecke und den Leichnam mit dem großen Schatten des Fensterkreuzes und den kleinen Kinderkreuzen der jungen Tannen.

Im kleinen Astapowo hatte an jenem Tag der Weltjournalismus sein turbulentes, lärmendes Heerlager aufgeschlagen. Das Bahnhofsrestaurant machte flotte Geschäfte; die Kellner rannten hin und her und hatten Mühe, alle Bestellungen auszuführen; im Laufschritt servierten sie halbrohe Beefsteaks. Bier floß in Strömen.

Die Söhne Ilja und Andrej waren auf dem Bahnhof, als Sergej mit dem Zug ankam, der die sterbliche Hülle des Vaters nach Jasnaja Poljana bringen sollte.

Studenten und junge Leute sangen »Ewiges Gedenken«, trugen den Sarg mit dem Toten über den Bahnhofsplatz, dann durch den Garten zum Bahnsteig, an dem der Zug hielt, und hoben den Sarg in den Gepäckwagen. Die Menge entblößte ihr Haupt, und als der Zug langsam in Richtung Tula davonfuhr, ertönte wieder der Trauergesang.

Es war ganz natürlich, daß Tolstoj seine letzte Ruhe unterwegs gefunden hatte, unterwegs wie ein Pilger, nicht weit von den großen Straßen des damaligen Rußland, auf denen seine Helden und Heldinnen hin- und herreisten und aus den Wagenfenstern den winzigen Bahnhof sahen, ohne zu wissen, daß die Augen, die ein ganzes Leben lang sie beobachtet, mit seinem Blick umfangen, sie verewigt hatten, nun für immer geschlossen waren.

Wollte man bei jedem Dichter eine Eigenschaft hervorheben – Lermontows Leidenschaftlichkeit etwa, Tjutschews Fülle, das Poetische an Tschechow, das Sinnverwirrende bei Gogol, die Vorstellungskraft Dostojewskijs – welche wäre bei Tolstoj zu nennen?

Die wichtigste Eigenschaft dieses Moralisten und Gleichmachers, Verkünders einer Gesetzlichkeit, die ohne Abschwächung und Ausnahme für alle gelten soll, war seine mit nichts zu vergleichende, ans Paradoxe grenzende Originalität.

In keinem Moment seines Lebens verließ ihn die Fähigkeit, jedes Phänomen in seiner für sich selbst existierenden Endgültigkeit des Augenblicks in erschöpfend klarem Umriß zu sehen, so wie wir es nur ganz selten in der Kindheit vermögen oder auf dem Gipfel eines alles erneuernden Glücks oder im Jubel eines großen geistigen Sieges.

Um so sehen zu können, muß Leidenschaft das Auge leiten, nur sie erhellt durch ihr Aufflammen den Gegenstand, verstärkt seine Sichtbarkeit.

Diese Leidenschaft, die Leidenschaft des schöpferischen Schauens trug Tolstoj in sich. In ihrem Licht sah er alles in seiner uranfänglichen Frische, neu wie zum ersten Mal. Die Authentizität des von ihm Gesehenen unterscheidet sich so von unseren Sehgewohnheiten, daß sie uns fremdartig erscheinen kann. Aber Tolstoj suchte dieses Fremdartige nicht, verfolgte es nicht als Ziel, und noch weniger diente es seinen Werken als künstlerisches Verfahren.

VOR DEM ERSTEN WELTKRIEG

1

Die Hälfte des Jahres 1912 – Frühling und Sommer – verbrachte ich im Ausland. Unsere großen Ferien fallen mit dem Sommersemester im Westen zusammen. Dieses Semester verlebte ich in der alten Universitätsstadt Marburg.
Hier hatte Lomonossow* den Mathematiker und Philosophen Christian Wolff gehört. Hundertfünfzig Jahre vorher hatte Giordano Bruno hier bei der Rückkehr in seine Heimatstadt Rom und damit zum Tod auf dem Scheiterhaufen einen Traktat über seine neue Astronomie vorgetragen.
Marburg, eine kleine mittelalterliche Stadt, zählte damals neunundzwanzigtausend Einwohner, zur Hälfte Studenten. Malerisch klebt sie an dem Berg, aus dem auch die Steine zum Bau der Häuser, der Kirchen, des Schlosses und der Universität gebrochen worden waren, und sie ertrinkt in dichtverwachsenen Gärten, die dunkel sind wie die Nacht.
Vom Geld, das ich mir für Leben und Studium in Deutschland zurückgelegt hatte, war etwas übriggeblieben. Mit diesem Rest reiste ich nach Italien. Ich sah Venedig, ziegelrot und aquamarin-grün wie die durchsichtigen Kiesel, die das Meer ans Ufer wirft; ich besuchte das dunkle, zusammengedrängte, harmonische Florenz. Rom zu besichtigen, reichte mein Geld nicht.
Im Jahr darauf beendete ich mein Studium an der Moskauer Universität. Dabei half mir Manssurow, ein junger Historiker der seine Habilitation vorbereitete und an der Universität assistierte. Er gab mir alles Material, das er selber für sein Staatsexamen im Jahr zuvor gebraucht hatte. Die Professorenbibliothek enthielt sehr viel mehr, als für die Prüfungen

erforderlich war: außer Handbüchern ausführliche Einzeldarstellungen über das klassische Altertum und zahlreiche Monographien. Mit Mühe und Not brachte ich diese Schätze in einer Droschke nach Hause.

Manssurow war mit dem jungen Trubezkoj * und mit Dmitrij Samarin verwandt und befreundet. Ich kannte beide vom Fünften Gymnasium her, wo sie als Externe, die zu Hause unterrichtet wurden, alljährlich ihre Prüfungen ablegten.

Von den beiden älteren Trubezkojs *, Vater und Onkel des Studenten Nikolaj, war der eine Professor für Rechtsphilosophie, der andere Rektor der Universität und ein bekannter Philosoph. Beide zeichneten sich durch gewaltige Leibesfülle aus. Wie Elephanten in untaillierten Gehröcken schleppten sie sich aufs Katheder und hielten mit beschwörenden, dumpfen, aristokratisch knarrenden Stimmen ihre bedeutenden Vorlesungen.

Vom gleichen Schlag waren die jungen Leute – ein unzertrennliches Trio –, die dann und wann in der Universität hereinschauten. Hochgewachsene, begabte Jünglinge mit zusammengewachsenen Brauen, mit klingenden Stimmen und Namen.

In diesem Kreis stand die Philosophie der Marburger Schule hoch in Ehren. Trubezkoj befaßte sich intensiv mit ihr und schickte seine begabtesten Schüler zum weiteren Studium dorthin. Dmitrij Samarin war ein Jahr vor mir dort gewesen, fühlte sich in Marburg wie zu Hause und war zum Lokalpatrioten geworden. Auf seinen Rat hatte ich mich dorthin gewandt.

Dmitrij Samarin entstammte der berühmten Slawophilen-Familie *, auf deren ehemaligem Landgut sich heute die Schriftstellersiedlung und die Kinderlungenheilstätte von Peredelkino befinden. Philosophie, Dialektik, die Kenntnis Hegels lagen ihm als Erbe im Blut. Er verzettelte sich, war zerstreut und wahrscheinlich nicht ganz normal. Seine seltsamen Erregungszustände, die ihn zuweilen jäh befielen und seine Umgebung erschreckten, machten geselliges Zusammenleben mit ihm schwer, ja kaum erträglich. Seine Verwandten kamen mit ihm nicht aus, ständig gab es Streit. Die Verwandten waren nicht schuld daran.

Als er zu Beginn der NEP-Zeit * wieder nach Moskau kam – der Bürgerkrieg hatte ihn durch ganz Sibirien getrieben –, wirkte er sehr viel unkomplizierter und verträglicher. Er hatte Hungerödeme, war von der Reise verlaust. Die unter dem Verlust ihres Vermögens leidenden Verwandten umgaben ihn mit aller erdenklichen Fürsorge. Doch es war zu spät. Er erkrankte bald an Typhus und starb, als die Epidemie ihren Höhepunkt bereits überschritten hatte.

Was aus Manssurow geworden ist, weiß ich nicht, aber ich erfuhr, daß Nikolaj Trubezkoj als weltberühmter Philologe kürzlich in Wien gestorben ist.

2

Den Sommer nach dem Staatsexamen lebte ich bei meinen Eltern in ihrer Datscha Molodi, nahe der Eisenbahnstation Stolbowaja an der Strecke Moskau-Brjansk.

Die Überlieferung berichtet, daß von diesem Hause aus Kosaken unserer zurückweichenden Armee sich gegen Napoleon Vorhut verteidigt hätten. Tief im Park, dort, wo er in den Friedhof übergeht, verwildern und verfallen ihre Gräber.

Die Zimmer waren im Vergleich zu ihrer Höhe schmal, die Fenster sehr hoch. Die Petroleum-Tischlampe warf gigantische Schatten in die Winkel der bordeauxroten Wände und an die Zimmerdecke.

Unterhalb des Parks lief ein Flüßchen in schroffen Windungen dahin. Über einem seiner Strudel ragte halb entwurzelt und doch weiterwachsend eine große alte Birke. Die grüne Wirrnis ihrer Zweige hing wie eine luftige Laube über dem Wasser. In ihrem starken Astgeflecht konnte man sitzen oder halb ausgestreckt liegen. Hier hatte ich mir einen Arbeitswinkel eingerichtet.

Ich las Tjutschew * und zum ersten Mal in meinem Leben schrieb ich Gedichte nicht als seltene Ausnahme, sondern oft und stetig, wie man malt oder komponiert.
Im Laufe von zwei oder drei Sommermonaten schrieb ich im Laubdickicht dieses Baumes die Gedichte meines ersten Buches.
Der Titel war von überaus törichter Anmaßung: *Der Zwilling in den Wolken* *. Echo jener kosmologischen Superweisheiten, mit denen sich die Buchtitel der Symbolisten hervortaten und die als Namen ihrer Verlage glänzten.
Eine tiefe Notwendigkeit drängte mich, diese Verse zu schreiben, auszustreichen und wiederherzustellen. Ich fand ein unvergleichliches Vergnügen darin – bis zu Tränen.
Ich bemühte mich, alle romantischen Spielereien und Verstiegenheiten, nebensächliche Effekthascherei zu vermeiden. Ich wollte diese Gedichte nicht vom Podium herabdonnern, damit Geistesarbeiter zurückschauderten und unwillig riefen: Dekadentes Gewäsch! Barbarei! Ich wollte vor ihrem bescheidenen Glanz nicht Fliegen krepieren sehen, auch nicht daß Professorengattinnen mir nach der Lesung im Kreise von sechs oder sieben Verehrern sagten: »Erlauben Sie, daß ich Ihnen Ihre redliche Hand drücke.«
Mir lag nicht an pointiertem Rhythmus wie bei Tanz oder Lied, wo sich ohne Zutun oder Worte Arme und Beine von selbst zu bewegen anfangen. Ich drückte nichts aus, spiegelte nichts, stellte nichts dar, schilderte nichts.
Später, als man mich überflüssigerweise in Majakowskijs Nähe rückte, fand man bei mir die Veranlagung zum Rhetorischen und zu Intonationseffekten. Das ist nicht richtig. Ich habe davon nicht mehr als jeder sprechende Mensch.
Meine ständige Sorge galt im Gegenteil dem Inhalt, mein ständiger Traum war es, das Gedicht möge selber etwas enthalten, einen neuen Gedanken oder ein neues Bild. Es sollte mit all seinen Eigenheiten in das Buch eingraviert sein und aus den Seiten mit all seinem Schweigen mit allen Farben des schwarzen, farblosen Drucks reden.

Zum Beispiel: ich schrieb das Gedicht »Venedig« oder das Gedicht »Bahnhof«. Vor mir stand die Stadt am Wasser, die Kreise und Achten ihrer Spiegelungen schwammen, vervielfältigten sich, quollen auf wie Zwieback im Tee. Oder: in der Ferne, am Ende der Gleise und der Bahnsteige, erhob sich ganz in Wolken und Rauch der Eisenbahn-Abschiedshorizont, hinter dem die Züge sich verbergen und der die ganze Geschichte umschließt: Willkommen und Lebewohl, die Ereignisse vorher und nachher.
Ich verlangte nichts von mir, nichts vom Leser und nichts von der Kunsttheorie. Mir war nur wichtig, daß das eine Gedicht die Stadt Venedig enthielt, das andere den Brester Bahnhof, der heute Bjelorussisch-baltischer Bahnhof heißt. Die Zeilen »wieder reißt der Westen auf im Rangieren von Unwetter und Bahnschwellen« gefielen Bobrow. Assejew, einige andere Anfänger und ich hatten einen kleinen Verlag gegründet, auf gemeinsame Kosten. Bobrow, der sich durch seine Arbeit im »Russkij Archiv« (Russisches Archiv) in technischen Dingen auskannte, besorgte Druck und Auslieferung. Er brachte den *Zwilling* heraus mit einem freundschaftlichen Vorwort von Assejew.
Marija Iwanowna Baltruschaitis, die Frau des Dichters, sagte: »Später einmal werden Sie bedauern, ein so unreifes Buch publiziert zu haben.«
Sie behielt recht. Ich habe es später oft bereut.

3

Im heißen Sommer 1914 – mit der Dürre und der totalen Sonnenfinsternis – wohnte ich auf dem Lande, auf dem großen Gut der Baltruschaitis an der Oka, nicht weit von der Stadt Alexino. Ich unterrichtete ihren Sohn und übersetzte für das eben gegründete Kammertheater *, dessen Dramaturg Baltruschaitis war, Kleists *Zerbrochenen Krug*.
Auf diesem Gut verkehrten viele Künstler: der Dichter

Wjatscheslaw Iwanow, der Maler Nikolaj Uljanow, die Frau des Schriftstellers Pawel Muratow. In der Nähe, in Tarussa, übersetzte der Dichter Konstantin Balmont* für dasselbe Theater Kalidasas *Sakuntula*.
Im Juli fuhr ich nach Moskau zur Musterung; ich erhielt das »weiße Billett«, die Militärdienstbefreiung, wegen meines in der Kindheit gebrochenen und seitdem verkürzten Beins und kehrte an die Oka zurück.
Bald darauf hatten wir einen denkwürdigen Abend: Durch die Nebelschwaden über dem Oka-Schilf schwebte und näherte sich langsam flußaufwärts Militärmusik. Polka und Märsche erklangen. Hinter einer Landzunge tauchte ein kleiner Schleppdampfer mit drei Booten auf. Vom Dampfer aus hatte man wohl das Gut auf dem Hügel liegen sehen und beschlossen, dort vor Anker zu gehen. Der Dampfer machte eine halbe Wendung und führte die Boote an unser Ufer. Die Insassen waren Soldaten einer größeren Grenadiereinheit. Sie kletterten an Land und biwakierten am Fuße des Hügels. Die Offiziere wurden zum Abendbrot und zum Übernachten ins Gutshaus eingeladen. Am anderen Morgen fuhren sie weiter. Eine Episode aus der rechtzeitig durchgeführten Mobilmachung. Der Krieg begann.

4

Danach lebte ich mit zwei Unterbrechungen etwa ein Jahr lang als Hauslehrer in der Familie des reichen Kaufherrn Moritz Philipp. Mein Zögling Walter war ein prächtiger und anhänglicher Junge.
Im Sommer 1915, während der deutschfeindlichen Ausschreitungen in Moskau, wurden nicht nur so bedeutende Handelshäuser wie Einem, Ferrein und andere verwüstet. Auch das Büro und die Villa Philipps wurden demoliert.
Die Zerstörungen vollzogen sich planmäßig, mit Wissen der Polizei. Die Habe der Bediensteten wurde nicht angerührt.

Man hatte es auf den Besitz der Herrschaft abgesehen. Im entstehenden Chaos konnte ich zwar meine Wäsche, meine Kleider und einiges andere retten, meine Bücher und Manuskripte verschwanden im allgemeinen Drunter und Drüber und wurden vernichtet.
Später, in friedlicheren Zeiten, ging mir noch vieles verloren. Ich mag meinen Stil bis zum Jahre 1940 nicht, der halbe Majakowskij paßt mir nicht, und auch bei Jessenin gefällt mir nicht alles. Der damalige allgemeine Verfall der Form, die geistige Verödung, der unsaubere, geschluderte Stil wurden mir fremd. Ich trauere dem Verlust fehlerhafter, unvollkommener Arbeiten nicht nach. Aber von einem anderen Gesichtspunkt her hat mich auch der Verlust von Gelungenem nie bekümmert.
Im Leben ist es sehr viel notwendiger, zu verlieren als zu erwerben. Ein Weizenkorn, das nicht stirbt, kann nicht aufgehen. Man muß leben, ohne zu erlahmen, muß nach vorne schauen und sich von den lebendigen Vorräten nähren, die zusammen mit der Erinnerung das Vergessen schafft.
Zu verschiedener Zeit und aus verschiedenen Anlässen gingen mir verloren: der Text des Vortrags »Symbolismus und Unsterblichkeit«, Aufsätze aus meiner futuristischen Zeit. Ein Kindermärchen in Prosa. Zwei Poeme. Eine Gedichtsammlung, die zwischen *Über die Barrieren* und *Meine Schwester – das Leben* * entstanden war, und mehrere Hefte in Bogenformat mit der ersten Niederschrift eines Romans *, dessen überarbeiteter Anfang als gesonderte Erzählung unter dem Titel »Ljuwers Kindheit« erschienen ist. Schließlich die Übersetzung einer ganzen Tragödie von Swinburne aus seiner dramatischen Trilogie über Maria Stuart.
Familie Philipp verließ ihr ausgeraubtes und halb niedergebranntes Haus und zog in eine Mietwohnung. Auch hier hatte ich ein Zimmer für mich allein. Ich erinnere mich gut daran. Die Strahlen der sinkenden Herbstsonne durchfurchten das Zimmer und die Seiten des Buches, in dem ich blätterte. Der Abend war zweimal in ihm enthalten: einmal lag

er in leichtem Rosenrot über den Seiten, sodann im Gehalt und in der Seele der darauf gedruckten Verse. Ich beneidete den Autor, der mit so schlichten Mitteln Partikel der Wirklichkeit festzuhalten vermochte. Es war eines der ersten Bücher der Achmatowa, wahrscheinlich *Wegerich* *.

5

In jenen Jahren reiste ich während der Ferien in den Ural und ins Kama-Gebiet. Einen Winter lebte ich in Wsewolodo-Wiljwa, im Norden des Gouvernements Perm, in einer Gegend, die einst Tschechow und Lewitan besucht hatten. Davon hat Nikolaj Tichonow * berichtet, der diesen Landstrich in seinen Erinnerungen schildert. Einen anderen Winter verbrachte ich in den »Stillen Bergen« an der Kama, in den chemischen Werken der Uschkows.

Eine Zeitlang arbeitete ich dort in der Fabrikverwaltung, hatte das Wehrdienstbüro zu betreuen und befreite dabei die Wehrdienstpflichtigen ganzer Amtsbezirke, die in den Rüstungsbetrieben arbeiteten.

Im Winter wurde die Verbindung der Werke mit der Außenwelt auf vorsintflutliche Weise aufrechterhalten. Die Post kam aus dem zweihundertfünfzig Werst entfernten Kasan wie zur Zeit der *Hauptmannstochter* mit der Troika. Einmal bin auch ich so gereist:

Als man im Werk im März 1917 hörte, daß in Petersburg eine Revolution ausgebrochen sei, fuhr ich nach Moskau.

Im Ishewsker Werk hatte ich den Ingenieur Sbarskij, einen bemerkenswerten Menschen, aufzusuchen. Er war schon vorher dorthin versetzt worden, ich sollte mich ihm zur Verfügung stellen und mit ihm die Reise fortsetzen.

Aus den »Stillen Bergen« jagten wir in einer Kibitka, einem gedeckten Schlitten, dahin, den Abend, die ganze Nacht und einen Teil des nächsten Tages. In drei warme Röcke gehüllt, im Heu vergraben, rollte ich wie ein schwerer Sack auf dem

Schlittenboden von einer Seite zur anderen, unfähig, mich frei zu bewegen. Ich döste ein, zerstieß mir die Nase am Schlittenrand, schlief ein, wachte wieder auf, öffnete und schloß die Augen.

Ich sah den Waldweg, die Sterne der Winternacht. Eine schmale Schlittenspur durchfurchte die hohen Schneewehen. Oft streifte das Schlittenverdeck die unteren, tiefhängenden Tannenzweige, riß sie mit sich, während der Schlitten unter den aufrauschenden Bäumen dahinglitt, von denen Rauhreif stiebend herabwirbelte. Der Widerschein der flimmernden Sterne auf dem Weiß der Schneedecke erhellte den Weg. Das Schneeglitzern in der Tiefe, im Innern des Dickichts erschreckte mich wie eine im Wald aufgestellte brennende Kerze.

Drei Pferde, langgespannt, eins hinter dem anderen zogen den Schlitten. Bald scherte das eine, bald das andere aus und kam aus der Richtung. Wenn die Kibitka sich bedrohlich zur Seite neigte, sprang der Kutscher ab, lief nebenher und stützte sie mit der Schulter, damit sie nicht umschlug.

Ich war wieder eingeschlafen, hatte das Zeitgefühl verloren, der plötzliche Ruck, mit dem der Schlitten zum Stehen kam, weckte mich.

Mitten im Wald eine Poststation wie im Räubermärchen. Licht in der Hütte, der Samowar summt, eine Uhr tickt. Während der Kutscher, der uns bis hierher gebrachte hatte, seine Überkleider ablegte, sich aufwärmte und halblaut, um die vielleicht hinter der Trennwand Schlafenden nicht zu stören, mit der Wirtin sprach, die ihm etwas zu essen vorsetzte, wischte der neue Kutscher sich Schnurrbart und Lippen, knöpfte seinen Halbpelz zu und ging in die klirrende Kälte hinaus, um drei frische Pferde einzuspannen.

Und wieder die gleitende, schnelle Fahrt, das Pfeifen der Kufen, Eindämmern und Traum. Und dann am anderen Tag in unbestimmter Ferne Fabrikschlote, grenzenlose Schneewüste eines zugefrorenen Stromes und irgendeine Eisenbahnlinie.

6

Bobrow verhielt sich mir gegenüber unverdient warmherzig. Sorgsam wachte er über die Reinheit meiner futuristischen Versuche und hütete mich vor schädlichen Einflüssen. Darunter verstand er die Anteilnahme der Älteren. Kaum bemerkte er Anzeichen ihrer Aufmerksamkeit, beeilte er sich in panischer Furcht, ihr Wohlwollen könnte mich zum Akademismus verführen, mit allen Mitteln die erst flüchtigen Beziehungen zu zerstören.
Ich mochte die Anissimows sehr gern, Julian und seine Frau Vera Stanewitsch. Unfreiwillig wurde ich in Bobrows Zerwürfnis mit ihnen hineingezogen.
Wjatscheslaw Iwanow hatte mir mit einer rührenden Widmung eins seiner Bücher geschenkt. Bobrow machte sich bei Brjussow in einer Weise über diese Widmung lustig, als ob ich selber den Anstoß zur Verspottung gegeben hätte. Wjatscheslaw Iwanow erwiderte meinen Gruß nicht mehr.
Die Zeitschrift *Der Zeitgenosse* hatte meine Übersetzung des *Zerbrochenen Krugs* angenommen. Die Arbeit war unreif und uninteressant. Ich hätte der Zeitschrift auf Knien für die Publikation danken müssen und außerdem dafür, daß eine fremde Hand sich des Manuskripts zu seinem Vorteil angenommen hatte.
Aber die Gefühle Gerechtigkeit, Bescheidenheit, Dankbarkeit standen bei der künstlerischen Jugend linker Richtung nicht hoch im Kurs, sie galten als Zeichen von Sentimentalität und Philistertum. Man trug die Nase hoch, brüstete sich, benahm sich unverschämt, und so sehr mir das widerstrebte, ich tat mit, um in der Achtung der Freunde nicht zu sinken.
Irgend etwas passierte mit den Korrekturen des Lustspiels. Ich bekam die Druckfahnen verspätet, sie enthielten Zusätze von fremder Hand, die nicht in den Text gehörten.

Zu Bobrows Rechtfertigung muß ich sagen, daß er von der Sache keine Ahnung gehabt hatte und in diesem Fall nicht wußte, was er anrichtete. Er sagte, diesen Unsinn, diese Pfuscherei in den Korrekturen, die willkürlichen Veränderungen des Originals dürfe ich keinesfalls dulden, ich müsse mich bei Gorkij beschweren, der wie er zu wissen glaubte, inoffiziell zur Leitung der Zeitschrift gehörte. Ich tat es. Statt der Redaktion des *Zeitgenossen* dankbar zu sein, beklagte ich mich bei Gorkij in einem dummen, groben, dünkelhaften Brief über die mir zuteil gewordene freundliche Aufmerksamkeit. Jahre später entdeckte ich, daß ich mich bei Gorkij über Gorkij beschwert hatte. Das Lustspiel war auf seine Empfehlung hin gedruckt worden, und er hatte es eigenhändig verbessert.

Meine Bekanntschaft mit Majakowskij begann mit einer polemischen Begegnung zweier sich befehdender futuristischer Gruppen. Er gehörte zur einen, ich zur anderen. Nach der Absicht der Initiatoren des Rencontres hatte es wohl zu einer Prügelei kommen sollen. Doch der Zwist endete schon bei den ersten Worten, in denen sich unser gegenseitiges Verständnis kundtat.

7

Ich werde hier meine Beziehungen zu Majakowskij nicht beschreiben. Wir waren nie sehr vertraut miteinander. Seine Anerkennung für mich wurde übertrieben, seine Ansicht über meine Arbeit entstellt.

Er mochte weder *Das Jahr 1905* noch *Leutnant Schmidt**, hielt die Darstellung für falsch. Dagegen gefielen ihm die beiden Bücher *Über die Barrieren* und *Meine Schwester – das Leben.*

Ich will nicht die Geschichte unserer Übereinstimmungen und unserer Meinungsverschiedenheiten erzählen. Ich will nur versuchen, soweit ich kann, eine allgemeine Charakteristik Majakowskijs und seiner Bedeutung zu geben. Es versteht sich von selbst, daß sie hier und da subjektiv gefärbt und parteiisch ist.

8

Ich beginne mit dem Wichtigsten. Wir haben keinen Begriff davon, welche Herzensqualen einem Selbstmord vorausgehen. Bei physischer Folter verliert man immer wieder das Bewußtsein. Die Qualen sind so groß, daß sie durch ihre Unerträglichkeit das Ende beschleunigen. Aber ein Mensch in den Händen des Folterknechts ist noch nicht vernichtet; noch im Schwinden der Sinne erlebt er das eigene Ende, seine Vergangenheit gehört ihm, seine Erinnerungen bleiben ihm, wenn er will, kann er sie heranziehen. Sie können ihm vor dem Tode eine Hilfe sein.

Im Gedanken an Selbstmord schlägt man ein Kreuz über sich selber, wendet sich von der Vergangenheit ab, erklärt sich für bankrott und seine Erinnerungen für ungültig. Sie erreichen den Menschen nicht mehr, sie können ihn nicht stützen und retten. Die Kontinuität des inneren Lebens ist zerstört, die Person hat aufgehört zu existieren. Vielleicht nimmt man sich dann schließlich das Leben, nicht aus Treue zu dem gefaßten Beschluß sondern weil die Schwermut, von der man nicht weiß, wem sie gehört, unerträglich geworden ist. Das Leiden in Abwesenheit des Leidenden, die leeren, nicht durch sich fortsetzendes Leben zu füllenden Erwartungen überwältigen ihn.

Mir scheint, Majakowskij hat sich aus Stolz erschossen, weil er etwas in ihm selbst oder in seiner Umgebung verurteilte, mit dem seine Eigenliebe sich nicht abfinden konnte. Jessenin erhängte sich, ohne vernünftig über die Folgen nachzudenken, und zuinnerst meinte: was wissen wir denn, vielleicht ist es gar nicht das Ende, und es kommt alles ganz anders, das werden wir noch sehen. Marina Zweta-

jewa verbarrikadierte sich vor der Alltagsbanalität durch ihre Arbeit. Und als ihr schien, dies sei ein unstatthafter Luxus und sie um ihres Sohnes willen vorübergehend ihre hinreißende Leidenschaft opfern und sich nüchtern umschauen mußte, da erkannte sie das Chaos, das sie mit ihrem Schaffen bisher bewältigt hatte, als starr, fremd, sumpfig und taumelte entsetzt zurück. Und weil sie nicht wußte, wohin sie vor diesem Entsetzen fliehen konnte, versteckte sie sich eilig in den Tod, schob den Kopf in die Schlinge wie unter ein Kissen. Mir scheint, Paolo Jaschwili * begriff schon nichts mehr, als er 1937, im Zaubernetz der Schigaljow-Doktrin *, eines Nachts seine schlafende Tochter ansah und sich einbildete, er sei ihres Anblicks nicht mehr würdig, und am anderen Morgen zu seinen Freunden ging, um sich eine Doppelladung Schrot in den Kopf zu jagen. Und ich glaube schließlich, daß Fadejew * mit jenem schuldbewußten Lächeln, das er bei allen Wortklaubereien der Politik zu wahren wußte, in der letzten Minute vor dem Schuß sich von sich selbst mit den Worten verabschiedet haben könnte: »Nun ja, alles ist aus, Leb wohl, Sascha!«
Sie alle haben sich unsäglich gequält, gequält bis zu jenem Grade, in dem die Schwermut zur Geisteskrankheit wird. Verneigen wir uns also vor ihrem Talent, ihrem lichten Andenken und voller Mitleid mit ihren Qualen.

9

Im Sommer des Jahres 1914 sollte in einem Café auf dem Arbat jener schon erwähnte Streit zwischen zwei literarischen Gruppen ausgetragen werden. Von unserer Gruppe waren Bobrow und ich gekommen, von der anderen Tretjakow und Scherschenewitsch *. Sie brachten Majakowskij mit.
Zu meiner Überraschung stellte ich fest, daß ich diesen jungen Menschen schon früher gesehen hatte, nämlich in den Korridoren des Fünften Gymnasiums. Er war zwei Klassen

unter mir gewesen. Auch in den Pausen irgendwelcher Symphoniekonzerte war er mir gelegentlich in einem Foyer aufgefallen.

Kurz vorher hatte mir ein späterer blinder Anhänger Majakowskijs eine von dessen ersten gedruckten Arbeiten gezeigt. Damals verstand er seinen künftigen Abgott nicht nur nicht, er zeigte mir die Neuerscheinung lachend und empört, als sei sie eine unbedarfte Geschmacklosigkeit. Mir gefielen diese Gedichte aber außerordentlich. Es waren seine ersten genialen Versuche, die er später in den Sammelband *Einfach wie Brüllen* aufnahm.

Jetzt im Café gefiel mir der Verfasser nicht weniger. Vor mir saß ein schöner, düster blickender Jüngling, mit dem Baß eines Protodiakons und den Fäusten eines Boxers, ein unerschöpflich scharfsinniger Kopf, halb mystischer Held à la Alexander Grin *, halb Torero.

Man erriet sofort, daß nicht Schönheit, Geist, Talent, vielleicht sogar Genialität das Wichtigste an ihm waren; das Wichtigste waren seine Selbstbeherrschung – Vermächtnis oder Prinzip adeliger Gesinnung –, sein Pflichtgefühl, das ihm verwehrte, anders zu sein, weniger schön, weniger geistreich, weniger begabt.

Die Entschiedenheit, mit der seine zehn Finger durch die wilde Haarmähne fuhren, ließ mich sofort an einen jungen Terroristen-Verschwörer aus der Provinz bei Dostojewskij denken.

Nicht immer bleibt die Provinz zu ihrem Schaden hinter den Hauptstädten zurück. Manchmal, in Zeiten des Niedergangs der ruhmreichen Zentren hält sich in den dumpfen Provinznestern segensreiche Überlieferung. So brachte Majakowskij aus der heimatlichen kaukasischen Försterei in das Reich des Tangos und der Rollschuhbahnen die in seinem Krähwinkel noch unerschütterte Überzeugung mit, daß in Rußland die Aufklärung nur revolutionär sein könne.

Seine natürliche wohlgebildete äußere Erscheinung ergänzte der junge Mensch wundervoll durch künstlerische Unordnung; er trug sie zur Schau mit der derben und lässigen Riesenhaftigkeit seiner Gestalt und mit den aufrührerischen Attributen des Bohémien, die er spielerisch und mit Geschmack um sich drapierte.

10

Majakowskijs frühe Lyrik liebte ich sehr. Ihr schwerer, drohender, anklagender Ernst vor dem Hintergrund der damaligen Drôlerien war etwas Außergewöhnliches. Meisterlich durchgebildete Poesie, vermessen und dämonisch und zugleich verdammt, verloren, fast um Hilfe rufend.

Zeit, hinkender Herrgottsmaler, ich flehe dich an:
Male mein Antlitz in den Ikonenschrein des mißratnen
  Jahrhunderts.
Ich bin einsam wie das einzige Auge
Eines Menschen, der zu den Blinden geht.

Die Zeit hat ihn erhört, hat getan, worum er bat, hat seine Züge dem Jahrhundert eingezeichnet. Aber wessen bedurfte es, um das vorherzusehen und zu erraten!

Kaum werdet ihr begreifen, warum ich ruhig
Durch das Gewitter des Hohngelächters
Auf dem Tablett meine Seele trage
Zum Gastmahl der kommenden Jahre...

Man kann nicht umhin, liturgische Parallelen anzuführen: »Jegliches Fleisch des Menschen verstumme und verharre in Angst und Zittern, nichts Irdisches möge es denken. Denn der Herrscher aller Herrscher und der Herr aller Herren kommt, um sich zum Opfer zu bringen und zur Speise seiner Getreuen.« *

Im Unterschied zu den Klassikern, denen der Sinn der Hymnen und Gebete wichtig war, im Unterschied zu Puschkin,

der in seinen »Väter der Wüste« das Gebet des heiligen Ephraim des Syrers dichterisch umschrieb, und zu Alexej Tolstoj *, der die Trauergesänge des heiligen Johannes von Damaskus in Verse setzte, liebten Blok, Jessenin und Majakowskij ihren buchstäblichen Wortlaut als Fragmente des lebendigen Alltags in unmittelbarer Nähe zur Straße, zum Haus und zu beliebigen Worten der Umgangssprache.
Diese Ablagerung alter Literatur soufflierte Majakowskij die Konstruktion seiner parodistischen Poeme. Sie enthalten eine Menge Analogien – teils verborgen, teils betont – zu kanonischen Vorstellungen. Sie forderten Übermaß, verlangten starke Hände und erzogen den Dichter zu Kühnheit.
Es ist sehr gut, daß Majakowskij und Jessenin, dem, was sie von Kind auf wußten und im Gedächtnis hatten, nicht auswichen sondern die vertraute Schicht aufnahmen, die in ihr beschlossene Schönheit ans Licht brachten und nicht verbargen.

11

Als ich Majakowskij näher kennenlernte, entdeckten wir zwischen uns eine unerwartete Übereinstimmung im Technischen, eine Ähnlichkeit in der Konstruktion der Bilder und Reime. Ich liebte die Schönheit und Sicherheit seiner Bewegungen. Besseres konnte ich nicht verlangen. Um ihn nicht zu wiederholen, nicht als ein Abklatsch von ihm zu erscheinen, begann ich, Anlagen, die den seinen ähnelten, in mir zu unterdrücken: den heroischen Ton, der bei mir falsch geklungen hätte, den gesuchten Effekt. Das hat meine Art zu schreiben gestrafft und gereinigt.
Majakowskij hatte Nachbarn. Er stand in der Dichtung nicht allein, lebte nicht in der Wüste. Vor der Revolution war Igor Sewerjanin * sein Rivale auf der Tribüne, in der Arena der Volksrevolution und in den Herzen der Menschen war es Sergej Jessenin.

Sewerjanin beherrschte die Konzertsäle und sorgte, um im Künstlerjargon zu sprechen, durch volle Säle für volle Kassen. Er sang seine Gedichte zu zwei oder drei volkstümlichen Motiven aus französischen Opern, ohne daß es das Ohr verletzte oder abgeschmackt wirkte.

Seine primitiven, geschmacklosen, ja vulgären Wortbildungen vereinten sich mit seiner beneidenswert reinen, frei fließenden poetischen Diktion. Daraus entstand ein besonderes, eigenartiges Genre, das unter dem Schutz von Banalität eine verspätete Stilgesinnung Turgenjews in der Lyrik darstellte.

Seit Kolzow * hatte das russische Land nichts Urwüchsigeres, Natürlicheres, ihm Angemesseneres hervorgebracht als Sergej Jessenin. In beispielloser Großzügigkeit machte Rußland ihn der Zeit zum Geschenk, ohne dieses Geschenk mit zentnerschwerer, beflissener Volkstümelei zu befrachten. Jessenin besaß jene sprühende künstlerische Lebendigkeit, die wir seit Puschkin das höchste Mozartsche Prinzip nennen, das Mozartsche Element.

Jessenin verhielt sich zu seinem Leben wie zu einem Märchen. Er flog wie Iwan Zarensohn auf dem grauen Wolf über das Meer, fing seinen Feuervogel * – Isadora Duncan. Auch seine Verse schrieb er auf märchenhafte Weise: bald legte er die Worte wie Patiencekarten vor sich aus und setzte sie zusammen, bald schrieb er sie mit Herzblut nieder. Das Kostbarste in seinem Werk ist das Bild der heimatlichen Natur. Die mittelrussische Waldlandschaft um Rjasan gibt er mit der überwältigenden Frische wieder, wie er sie als Kind erlebt hat. Im Vergleich zu Jessenin ist Majakowskijs Begabung schwerer und wuchtiger, dafür wohl auch tiefer und umfassender. Den Platz, den bei Jessenin die Natur innehat, nimmt bei Majakowskij das Labyrinth der modernen Großstadt ein, in der sich unsere einsame Seele verirrt und verstrickt. Er schildert ihre dramatischen, leidenschaftlichen, unmenschlichen Situationen.

12

Ich erwähnte es schon: unsere Vertrautheit wurde übertrieben. Einmal, als unsere Differenzen sich schon verschärften, charakterisierte Majakowskij im Laufe einer Auseinandersetzung bei Assejew – wie immer mit grimmigem Humor – unsere Verschiedenheit: »Nun ja, wir sind wirklich verschieden. Sie lieben den Blitz am Himmel, ich den im elektrischen Bügeleisen.«

Ich verstand seinen propagandistischen Eifer nicht, mit dem er und seine Genossen sich gewaltsam im öffentlichen Bewußtsein einzunisten suchten, auch nicht seine kumpelhaften, kooperativen Bemühungen, seine Unterordnung unter den Ruf der Aktualität.

Noch weniger verstand ich die Zeitschrift *LEF**, deren Chefredakteur er war, die Zusammensetzung ihrer Mitarbeiter und das hier verfochtene Ideensystem. Der einzige wirklich Konsequente und Ehrliche in diesem Kreis der Neinsager war Sergej Tretjakow. Sein »Nein« reichte bis zur natürlichen Konsequenz. Tretjakow nahm mit Plato an, in einem jungen sozialistischen Staat könne es keine Kunst geben, jedenfalls nicht zum Zeitpunkt seines Entstehens. Daher war die im *LEF* blühende, durch falsche, der Zeit entsprechende Korrekturen handwerksmäßig betriebene Halbkunst, die auf sie verwandte Sorgfalt und Mühe nicht wert; man konnte leicht darauf verzichten.

Der späte Majakowskij – mit Ausnahme des kurz vor seinem Tode entstandenen unsterblichen Dokuments *Aus vollem Halse** – ist mir seit *Mysterium Buffo** unzugänglich. Ich stehe diesen plumpen Reimereien, dieser raffinierten Gehaltlosigkeit, diesen Gemeinplätzen und Platituden, die so gekünstelt, verworren und wenig geistreich dargeboten werden, teilnahmslos gegenüber. Meiner Ansicht nach existiert Majakowskij in diesen Arbeiten gar nicht. Und es wundert mich, daß dieser nichtvorhandene Majakowskij als der eigentliche Revolutionär galt.

Aber versehentlich hielt man uns für Freunde. So bat mich beispielsweise Jessenin zur Zeit seiner Unzufriedenheit mit dem Imaginismus, ich solle ihn mit Majakowskij versöhnen und wieder zusammenbringen. Er glaubte, ich sei der geeignete Mann dazu.
Obwohl ich mich mit Majakowskij siezte, mit Jessenin aber auf Dutzfuß stand, traf ich ihn noch seltener. Unsere Begegnungen sind an den Fingern abzuzählen und endeten stets in Raserei. Mal schwuren wir uns in Tränen zerfließend ewige Treue, mal prügelten wir uns bis aufs Blut, und man mußte uns gewaltsam trennen.

13

In Majakowskijs letzten Lebensjahren, als alle Poesie dahin war, seine eigene ebenso wie die jedes anderen, als Jessenin sich erhängte, als kurz gesagt die Literatur am Ende war – denn der erste Band des *Stillen Don*, die Anfänge Pilnjaks und Babels, Fedins und Wsewolod Iwanows * waren Poesie – in jenen Jahren hatte Majakowskij in Assejew einen ausgezeichneten, klugen, innerlich souveränen, durch nichts verblendeten Gefährten, einen gleichgerichteten Freund, der ihn stützte.
Ich hatte mich schon endgültig von ihm getrennt und zwar aus folgendem Anlaß: Trotz der Erklärung meines Ausscheidens aus dem Mitarbeiterstab des *LEF* und der Erklärung, diesem Kreis nicht mehr anzugehören, wurde mein Name weiter im Mitarbeiterverzeichnis geführt. Ich schrieb Majakowskij einen scharfen Brief, der ihn empören mußte.
Früher, in den Jahren, als ich noch im Bann seines Feuers, seiner inneren Kräfte, seiner gewaltigen künstlerischen Rechte und Möglichkeiten stand, begegnete er mir mit großer Wärme. Zu den Versen, die ich ihm in mein Buch *Meine Schwester – das Leben* schrieb, gehören auch diese:

Sie beschäftigen sich mit unserer Bilanz,
Mit der Tragödie des Volkswirtschaftsrats,
Sie, der Sie wie der Fliegende Holländer sangen,
Über den Rand eines jeden Verses gebeugt!
Ich weiß: Ihr Weg ist unverfälscht,
Aber wie konnte es Sie verschlagen
Unter die Gewölbe solcher Zufluchtsstätten
Auf Ihrem aufrichtigem Weg?

14

Damals gab es zwei berühmte Sätze über die Gegenwart *: »Das Leben ist besser, das Leben ist fröhlicher geworden« und »Majakowskij ist und bleibt der beste und begabteste Dichter der Epoche«. Für den zweiten Satz dankte ich seinem Verfasser in einem persönlichen Brief, da sein Dictum mich von jener Überschätzung meiner Bedeutung befreite, der ich Mitte der dreißiger Jahre zur Zeit des Schriftstellerkongresses ausgesetzt war. Ich liebe mein Leben und bin mit ihm zufrieden. Es bedarf keiner zusätzlichen Vergoldung. Ein Leben ohne Geheimnis und Unmerkbares, ein Leben im Spiegelglanz eines Schaufensters kann ich mir nicht vorstellen.
Majakowskij wurde zwangsweise eingepflanzt wie zur Zeit Katharinas die Kartoffel. Das war sein zweiter Tod. An ihm ist er unschuldig.

DREI SCHATTEN

1

Im Juli 1917 suchte mich – auf Brjussows Rat – Ehrenburg * auf. Damals lernte ich diesen klugen, tätigen, aufgeschlossenen Menschen kennen, der in allem mein Gegenteil ist.
Der große Zustrom aus dem Ausland Heimkehrender setzte ein. Es waren politische Emigranten und Menschen, die vom Krieg überrascht, in der Fremde interniert worden waren. Aus der Schweiz kam Andrej Belyj; auch Ilja Ehrenburg war zurückgekehrt.
Ehrenburg lobte mir gegenüber Marina Zwetajewa und zeigte mir ihre Gedichte. Zu Beginn der Revolution hatte ich einen Rezitationsabend besucht, den sie mit anderen bestritt. In einem der Bürgerkriegswinter war ich mit irgendeinem Auftrag zu ihr gegangen. Ich redete Belangloses und bekam Belangloses zur Antwort. Zwetajewa blieb mir gleichgültig.
Mein Gehör war damals durch die modischen Gespreiztheiten und die allgemeine Originalitätssucht verdorben. Alles normal Gesagte prallte von mir ab. Ich hatte vergessen, daß das Wort selber etwas enthalten und bedeuten kann, unabhängig von allem Zierat, mit dem man es behängt.
Gerade die Harmonie der Gedichte Marina Zwetajewas, die Klarheit ihres Sinns, ihre Qualität, ihre Makellosigkeit hinderten mich, ihr Wesen zu verstehen. Ich suchte überall nach äußerer Gespanntheit nicht nach dem Eigentlichen.
Lange habe ich Zwetajewa unterschätzt, wie ich in anderer Hinsicht Bagrizkij, Chlebnikow, Mandelstam, Gumiljow * unterschätzte.

Ich sagte schon, daß von der jungen Generation, die sich nicht vernünftig auszudrücken verstand, die aus ihrem Gestammel eine Tugend machte und nur rein zufällig einmal originell war, nur zwei, Assejew und Zwetajewa menschlich, in klassischer Sprache und Stil schrieben.
Doch dann schworen beide plötzlich ihrem Können ab. Assejew hatte sich durch Chlebnikow verführen lassen; Zwetajewa erlebte eine eigentümliche innere Wandlung. Doch die frühe Marina Zwetajewa, die Zwetajewa der traditionellen Form vor dieser großen Veränderung hatte Zeit gehabt, mich zu erobern.

2

Man mußte sich in sie hineinlesen. Als ich das tat, stöhnte ich auf über den sich vor mir ausbreitenden Abgrund an Reinheit und Kraft. Nirgendwo existierte Vergleichbares. Ich werde meine Beurteilung kurz fassen und begehe keine Sünde, wenn ich sage: Mit Ausnahme von Annenskij und Blok und mit einigen Einschränkungen Andrej Belyj war die frühe Zwetajewa das, was alle übrigen Symbolisten sein wollten und nicht waren. Wo deren Literatur ohnmächtig in einer Welt erklügelter Schemata und lebloser Archaismen zappelte, überwand Zwetajewa mühelos die Schwierigkeiten echten Künstlertums, löste mit ihrer unvergleichlichen technischen Brillanz spielend alle Aufgaben.
Im Frühjahr 1922, sie war schon im Ausland, kaufte ich in Moskau ihr kleines Buch *Wersten*. Die lyrische Macht der Form nahm mich sofort gefangen, einer mit Herzblut erfahrenen Form ohne Schwachbrüstigkeit, fest zusammengedrängt und dicht; eine Form die nicht einzelne Verse kurzatmig ausstößt, sondern mit großer Gebärde, ohne rhythmische Stockungen ganze Strophenfolgen in strömend sich entfaltenden Perioden umfängt.
Ich spürte jenseits ihrer individuellen Besonderheiten eine

Art Verwandtschaft. Vielleicht war es die Gemeinsamkeit erfahrener Einflüsse, Übereinstimmung der Anstöße zu unserer Charakterbildung, die gleiche Rolle, die Familie und Musik gespielt hatten, die Ähnlichkeit unserer Ausgangspunkte, Ziele und Neigungen.

Ich schrieb Zwetajewa nach Prag voller Entzücken über ihre Gedichte und voller Verwunderung darüber, daß ich so lange an ihnen vorbeigegangen war und sie erst so spät erkannt hatte. Sie antwortete. Es entspann sich ein, vor allem Mitte der zwanziger Jahre, intensiv geführter Briefwechsel. Damals war ihr *Handwerk* erschienen, und in Moskau kursierten in Abschriften ihre in Gedankenweite und Klarheit ungewöhnlich neuartigen Werke *Das Poem vom Ende, Das Poem vom Berg* und *Der Rattenfänger*. Wir wurden Freunde.

Im Sommer 1935, völlig verzweifelt und am Rand des Wahnsinns wegen meiner fast schon ein Jahr anhaltenden Schlaflosigkeit, wurde ich nach Paris zum antifaschistischen Kulturkongreß geschickt. Dort lernte ich ihren Sohn, ihre Tochter und ihren Mann* kennen, zu diesem bezaubernden, feinen und aufrechten Menschen faßte ich eine brüderliche Zuneigung.

Marina Zwetajewas Familie beharrte darauf, sie müsse nach Rußland zurückkehren. Aus diesem Verlangen sprach Heimweh, Sympathie mit dem Kommunismus und der Sowjetunion, aber auch die Überlegung, Zwetajewa werde in ihrer Pariser Isolation ohne Leserecho zugrunde gehen.

Sie fragte mich nach meiner Meinung. Ich hatte keine und wußte nicht, was ich ihr raten sollte, befürchtete aber, daß für sie und ihre wundervolle Familie das Leben in Rußland schwer und beunruhigend sein würde. Die Tragödie dieser Familie übertraf bei weitem meine Befürchtungen.

3

Im Anfang dieser Skizze, auf den der Kindheit gewidmeten Seiten lieferte ich reale Bilder und Szenen, beschrieb erlebte Episoden. In der Mitte ging ich zu Erörterungen allgemeiner Art über und begnügte mich mit flüchtigen Charakteristiken. Dies erforderte die Bündigkeit der Aussage.
Wenn ich in der Geschichte der Interessen und Bestrebungen, die Zwetajewa und mich verbanden, jede Situation, jeden Umstand erzählte, müßte ich die selbst gesteckten Grenzen weit überschreiten. Ich könnte ein ganzes Buch mit den vielen gemeinsamen Erlebnissen, Wandlungen, freudigen und tragischen, immer überraschenden und jedesmal unseren Horizont erweiternden füllen. Doch hier und in den letzten Abschnitten enthalte ich mich alles Persönlichen und Privaten und beschränke mich auf das Essentielle und Allgemeingültige.
Marina Zwetajewa war eine Frau mit aktiver männlicher Seele, entschlossen, kämpferisch, unbezähmbar. Im Leben wie in der Kunst griff sie zielstrebig, gierig, fast raubtierhaft nach dem Endgültigen und Bestimmten. Auf diesem Weg kam sie weit voran und überholte alle.
Außer dem Wenigen, das wir kennen, gibt es viele uns noch unbekannte Dichtungen, gewaltige, stürmische Werke, manche im Stil russischer Märchen, andere nach Motiven allgemein bekannter historischer Überlieferungen und Mythen.
Die Veröffentlichung dieser Arbeiten wird ein großer Triumph, eine Entdeckung für unsere heimische Poesie werden, mit einem Schlag wird dieses verspätete einmalige Geschenk unsere Dichtung bereichern.
Ich glaube, Zwetajewa erwarten gründliche Revision und größte Anerkennung.
Wir waren Freunde. Ich bewahrte ungefähr hundert Briefe von ihr auf, Antworten auf Briefe von mir. Obwohl, wie ich schon früher sagte, ich in meinem Leben Verluste und Ein-

bußen hinzunehmen gelernt hatte, konnte ich nicht ahnen, auf welche Weise diese besonders sorgfältig gehüteten kostbaren Briefe verlorengehen würden: durch übervorsichtige Aufbewahrung.
Während des Krieges besuchte ich wiederholt meine evakuierte Familie. Eine Mitarbeiterin des Skrjabin-Museums, die Marina Zwetajewa sehr verehrte, und mit der ich nah befreundet war, bot mir an, diese Briefe zusammen mit denen meiner Eltern und einigen Briefen von Gorkij und Romain Rolland aufzubewahren. Sie brachte alles im Safe des Museums unter, nur von den Briefen Zwetajewas mochte sie sich nicht trennen. Der feuersichere Safe war ihr nicht sicher genug.
Sie wohnte außerhalb der Stadt, und Abend für Abend – ein volles Jahr – nahm sie die Briefe in ihrem Handköfferchen mit nach Hause und am nächsten Morgen wieder mit zur Arbeit in der Stadt. Eines Winterabends, als sie völlig erschöpft heimging, merkte sie, daß sie das Handköfferchen mit den Briefen im Vorortzug hatte stehenlassen. So verließen mich die Briefe der Marina Zwetajewa und verschwanden.

4

Im Verlauf der Jahrzehnte seit dem Erscheinen des *Geleitbriefs* habe ich oft gedacht, wenn ich das Buch noch einmal herausgäbe, müßte ich ihm ein Kapitel über den Kaukasus und zwei georgische Dichter anfügen. Die Zeit verstrich, weitere Ergänzungen wurden nicht notwendig. Nur dieses Kapitel fehlte. Jetzt schreibe ich es.
Im Winter 1930 besuchte mich in Moskau der Lyriker Paolo Jaschwili * mit seiner Frau: glänzender Mann von Welt, hochgebildet, interessanter Gesprächspartner, Europäer, ein schöner Mensch.
Wenig später gab es in zwei Familien, meiner eigenen und

einer befreundeten, Veränderungen, die für alle Beteiligten schwere seelische Belastungen mit sich brachten. Es kam die Zeit, in der meine spätere zweite Frau und ich kein Obdach hatten. Jaschwili lud uns in sein Haus nach Tiflis ein.
Damals wurden mir der Kaukasus, Georgien, einzelne Menschen, der Alltag der Stadt zur großen Entdeckung. Alles war neu, und alles setzte mich in Erstaunen. In den Tiefen der Straßen- und Gassenschluchten verhängten dunkle Felsmassen den Blick. Das Leben der armen Leute, aus den Höfen hinausgetragen auf die Gasse, war kühner, nicht so verstohlen wie im Norden; es war bunt, leuchtend, offen. Die volle Mystik und messianistische Symbolik der Volkstradititon bereichert das Leben mit jener Phantasie, die im katholischen Polen jeden zum Dichter macht. Die hohe Kultur der Gebildeten, ihr geistiges Leben, war in diesem Ausmaß in jenen Jahren eine Seltenheit. Die Plätze von Tiflis erinnern in ihren ausgewogenen Proportionen an Petersburg. Malerische Winkel. Die Eisengitter vor den Fenstern der Beletagen geschweift, wie längliche Körbe oder wie Leiern. Wo man geht und steht schlagen Tamburins den Rhythmus zur Lesginka. Der Abend einer südlichen Stadt zieht herauf, Sterne, Duft aus Gärten, Konditoreien und Cafés. Paolo Jaschwili ist ein bedeutender Dichter des Nach-Symbolismus. Seine Poesie fußt auf Fakten und exakten Zeugnissen seiner Empfindungen. Sie ist der modernen europäischen Prosa verwandt: Belyj, Hamsun, Proust, und wie ihre Dichtungen voll erfrischender, unerwarteter und genauer Beobachtungen. Es ist höchste schöpferische Poesie. Sie ist nicht überladen, nicht vollgestopft mit Effekten. In ihr ist Weite und Luft. Sie bewegt sich und atmet.

5

Der Erste Weltkrieg hielt Jaschwili in Paris fest. Er studierte an der Sorbonne. Auf krausen Umwegen gelangte er wieder nach Hause. Er hockte auf einem gottverlassenen norwegischen Bahnhof, träumte vor sich hin und merkte nicht, wie sein Zug weiterfuhr. Ein junges norwegisches Bauernpaar, das von irgendwoher mit dem Schlitten gekommen war, um Post abzuholen, sah die Unachtsamkeit des unbedachten Südländers und ihre Folgen. Er tat ihnen leid, und – weiß der Kuckuck, wie sie sich mit ihm verständigten – sie nahmen ihn mit auf ihren Hof bis zum nächsten Zug, der vierundzwanzig Stunden später fuhr.
Jaschwili konnte prachtvoll erzählen. Er war der geborene Abenteuer-Geschichten-Erzähler. Ihm passierte ständig das Unvorhergesehene, Überraschende, das sonst nur in Novellen vorkommt. Zufälle hatten es auf ihn abgesehen. Er war wie für sie gemacht, und sie ergaben sich seiner leichten Hand.
Genie durchdrang ihn ganz. Das Feuer seiner Seele glänzte in seinen Augen, Feuer der Leidenschaft hatten seine Lippen versengt, Glut des Erlebten sein Gesicht dunkel gebrannt. Er sah älter aus, als er war, ein Mensch, vom Leben gerüttelt.
Am Tage unserer Ankunft lud er seine Freunde ein, Mitglieder der Dichtergruppe, deren Führer er war. Ich weiß nicht mehr, wer alles an diesem Abend kam. Sicherlich sein Nachbar Nikolaj Nadiradse, ein Lyriker reinsten Wassers. Auch Tizian Tabidse * und seine Frau waren da.

6

Das Zimmer sehe ich vor mir, als hätte ich es eben erst verlassen. Wie könnte ich es auch je vergessen? Damals an jenem ersten Abend, als ich nicht ahnte, welche Schrecknisse

seiner Bewohner harrten, ließ ich es vorsichtig, um nichts davon zu zerbrechen, auf den Grund meiner Seele sinken, dort blieb es zusammen mit all dem Entsetzlichen, das sich später in ihm und in seiner Umgebung ereignen sollte.
Wozu waren mir diese beiden Menschen geschickt worden? Wie kann ich unser Verhältnis erklären? Beide wurden zum Bestandteil meiner eigenen Welt. Keinen von beiden bevorzugte ich, so untrennbar waren sie, so sehr ergänzten sie sich. Ihr Schicksal und das von Marina Zwetajewa wurden die größten Erschütterungen meines Lebens.

7

Wenn Jaschwili eine nach außen gerichtete, eine zentrifugale Erscheinung war, so war Tizian Tabidse ganz nach innen gerichtet; mit jeder Zeile, mit jedem Schritt rief er in die Tiefe seiner reichen Seele, voller Rätsel und Ahnungen.
Das Wichtigste an seiner Poesie war die Sicherheit unerschöpflicher dichterischer Kraft, die man hinter jedem seiner Gedichte spürte; das Überwiegen des Ungesagten, dessen, was er im Ungesagten auszudrücken vermochte. Diese unberührbaren seelischen Reichtümer sind Urgrund und Basis seiner Dichtung, durchdringen sie mit jener besonderen Stimmung, die ihren ganz eigentümlichen und bitteren Reiz ausmacht. In seinen Gedichten ist so viel Seele wie in ihm selbst: eine komplizierte, geheimnisvolle, ganz auf das Gute gerichtete Seele, hellsichtig und fähig zur Hingabe.
Wenn ich an Jaschwili denke, fallen mir städtische Episoden ein: Zimmer, Diskussionen, öffentliche Veranstaltungen, seine brillante Redegewandtheit auf menschenreichen Zusammenkünften und bei Abendgesellschaften.
Der Gedanke an Tizian Tabidse führt zur Naturlyrik. Vor der Phantasie erstehen dörfliche Landschaft, Willkür blühender Ebenen, Meeresbrandung.
Wolken schwimmen, in einer Reihe mit ihnen bauen sich in

der Ferne die Berge auf. Und die gedrungene, irdische Gestalt des lächelnden Dichters fließt mit ihnen zusammen. Sein Gang federt. Und wenn er lacht, schüttelt sich sein ganzer Körper. Nun steht er vom Tisch auf, läßt sein Messer ans Glas klingen, er will eine Rede halten. Seine Gewohnheit, die eine Schulter hochzuziehen, läßt ihn ein klein wenig verwachsen erscheinen.

Das Haus steht in Kodshory, im Bogen einer Serpentinenkehre. Die Straße steigt der Fassade entlang an und geht, das Haus umrundend, an seiner Rückseite weiter. Alle, die auf dieser Straße gehen oder fahren, kann man vom Haus aus zweimal sehen.

Wir haben den Zenit jener Epoche erreicht, in der nach Belyjs scharfsinniger Bemerkung der Triumph des Materialismus die Materie aufgehoben hatte: nichts zu essen, nichts anzuziehen. Nichts Faßbares ringsum, nur Ideen. Daß wir nicht zugrunde gingen, danken wir den Wundertäter-Freunden von Tiflis, die unermüdlich irgend etwas herbeischafften und anschleppten, sogar noch mit phantastischen Begründungen Verlagsvorschüsse für uns ergatterten.

Wenn wir beieinander sind, tauschen wir Neuigkeiten aus, essen zu Abend, lesen uns gegenseitig vor. Ein kühler Lufthauch läßt seine Finger rasch und leicht über die silbrigen Pappelblätter mit ihren weißsamtenen Unterseiten gleiten. Die Luft ist mit betäubenden südlichen Düften – wie mit Klängen – gesättigt. In der Höhe wendet die Nacht langsam die Deichsel mit der Vorderachse ihres Fuhrwerks voller Sterne. Und unten auf der Straße kommen und gehen Karren und Autos, und alle sind sie vom Haus zweimal zu sehen.

Oder wir sind auf der Georgischen Heerstraße nach Borshomi oder nach Abastuman gewandert. Oder nach einem Ausflug voller Schönheiten, Überraschungen, Picknicks – ich mit einem beim Sturz blau geschlagenen Auge – in Bakuriani zu Besuch bei Leonidse *, diesem so ganz und gar unabhängigen Dichter, der mehr als alle andern mit den Ge-

heimnissen der Sprache, in der er schreibt, vertraut ist, und dessen Gedichte sich daher weniger als die der anderen einer Übersetzung fügen.
Sommernachtsfest auf einer Waldwiese, die schöne Herrin des Hauses, zwei bezaubernde kleine Töchter. Am anderen Tag kommt unversehens ein Mestwir, ein fahrender Sänger, mit der Sackpfeife. Er begrüßt in würdevoller Grandezza alle Anwesenden aus dem Stegreif, Gast für Gast mit jeweils genau passender Pointe; und er nutzt jeden beliebigen Anlaß – mein angeschlagenes Auge zum Beispiel – für einen Trinkspruch.
Oder wir sind in Kolubety: Regen und Sturm, und im selben Gasthof wohnt mit uns Simon Tschikowani *, der spätere Meister der strahlend-bildhaften Metapher. Damals war er noch Komsomolze. Und über der Linie des Gebirges und des ganzen weiten Horizonts der Kopf des lächelnden Dichters, der neben mir geht, und die hellen Zeichen seiner unmeßbaren Begabung, Schatten von Schmerz und Schicksal im Lächeln. Und wenn ich mich jetzt auf diesen Seiten noch einmal von ihnen verabschiede, möge es in seiner Person ein Abschied von all meinen Erinnerungen sein.

SCHLUSS

Hier endet meine autobiographische Skizze.
Sie weiterzuführen, wäre über die Maßen schwierig. Wollte ich folgerichtig vorgehen, müßte ich weiter über die Jahre, die Umstände, über Menschen und Schicksale sprechen, die alle von der Revolution gepackt waren; über die Welt einst unbekannter Ziele und Bestrebungen, Aufgaben und Heldentaten; über die neue Selbstbeherrschung, über eine Welt der neuen Strenge und der neuen Prüfungen, die dem Menschen, seiner Ehre und seinem Stolz, seinem Arbeitseifer und seiner Ausdauer auferlegt wurden.
So ist diese einzigartige und unvergleichliche Welt in die Ferne der Erinnerungen zurückgetreten, und sie erhebt sich über den Horizont wie Berge, die von der Ebene aus zu sehen sind, oder wie eine große Stadt in nächtlichem Lichterschein.
Man muß über diese Welt so schreiben, daß das Herz erstarrt und die Haare zu Berge stehen.
Über sie wie auswendig gelernt und gewohnheitsmäßig zu schreiben, blasser als Gogol und Dostojewskij Petersburg beschrieben haben, hätte nicht nur weder Sinn noch Zweck, es wäre niedrig und gewissenlos.

NACHBEMERKUNG DER HERAUSGEBERIN

Der im Herbst 1953 erklungene Ruf: »Aufrichtigkeit in der Literatur!« bildete den Auftakt zum sogenannten Tauwetter, das der sowjetischen Literatur junge, unverbrauchte Kräfte zuführte und älteren Autoren die Möglichkeit gab, wieder zu publizieren. So konnte auch Boris Pasternak einen Vertrag mit dem sowjetischen Staatsverlag über einen Band *Ausgewählte Gedichte* abschließen. Als Einleitung dazu schrieb er im Mai und Juni 1956 einen autobiographischen Essay, den er zunächst nur »Statt eines Vorworts« betitelte, später jedoch »Menschen und Situationen« nannte. Der Essay sollte 1957 als Vorabdruck in der Zeitschrift *Nowyj mir* erscheinen. Dort erschien er auch, aber erst zehn Jahre später im Januarheft 1967. Dazwischen lagen die Jahre der Verfemung.

Pasternak hat den Essay mehrmals redigiert. Die 1959 unter dem Titel *Über mich selbst. Versuch einer Autobiographie* erschienene deutsche Übersetzung wurde nach der ersten Fassung besorgt; die jetzt vorgelegte Überarbeitung des Textes richtet sich nach Pasternaks Redaktion letzter Hand (Abdruck in dem Prosaband *Wosduschnyje puti* [*Luftwege*] Moskau 1982).

Die Arbeit ist keine Autobiographie im landläufigen Sinne. Sie enthält nur wenig Privates. Pasternak vermied es, konkrete biographische Angaben zu machen und erklärte in einem Brief an Jacqueline de Proyart:

»Wann immer jemand über sich selbst spricht, erweckt er den Eindruck, sich, was er ist oder sein könnte, rechtfertigen zu wollen. Erweckt er diesen Eindruck nicht, bedeutet dies, daß er sich verurteilt, daß er bedauert, zu sein, was und wie er ist; er errichtet ein ganzes philosophisches Gebäude, um sich zu verurteilen. Ich will weder das eine noch das andere ... Jenes fabulöse Etwas, in dem ich meine Wahrheit ausdrücke, findet sich in meinen Aufsätzen und in meinem Roman.«

Den Weg zu dieser Wahrheit umreißt Pasternak in der autobiographischen Skizze und schreibt im Schlußwort, das in der Redaktion letzter Hand gestrichen wurde, er habe dem Leser nur einen Begriff davon geben wollen, wie in seinem persönlichen Fall das Leben in künstlerische Gestaltung überging, und wie diese Gestaltung aus Schicksal und Erfahrung geboren wurde. Mit voller Absicht habe er dabei die Grenzen seines engsten Lebenskreises nicht überschritten.

Der engste Lebenskreis liegt in Malerei, Musik und Dichtung beschlossen. Die politischen und sozialen Probleme berühren diesen Lebenskreis nur am Rande, wirken indirekt aber nicht unmittelbar auf ihn ein. Sie sind offenkundig und bedürfen keiner Erörterung, einige Streiflichter genügen.

Wichtig für Pasternaks künstlerischen Werdegang waren Begegnungen und Auseinandersetzungen mit Vertretern der eigenen Generation, Konfrontationen mit und Lernprozesse an den Vorgängern. Sie ermöglichten dem Heranreifenden, seine eigene, nur ihm bestimmte Aufgabe in der Kunst – und das bedeutete für ihn im Leben – zu erkennen und ihr zu gehorchen.

Als dem sechsundsechzigjährigen Pasternak die Möglichkeit geboten wurde, in einem Band jene im Laufe von Jahrzehnten geschriebenen Gedichte zu veröffentlichen, denen er selbst Gültigkeit zuerkannte, empfand er die Notwendigkeit, Lesern, die nichts oder nur ideologisch Entstelltes von seiner Arbeit wußten, die Epoche nahezubringen, die dem Dichter Pasternak die entscheidenden Impulse für sein Werk, für seine Wahrheit geschenkt hatte.

Dem heutigen Leser, dreißig Jahre später, kann es manchmal scheinen, als sei der eigentliche Held dieser autobiographischen Skizze nicht ihr Autor, sondern das erste Drittel

unseres Jahrhunderts mit seinen optimistischen vorwärtsweisenden Illusionen und seinen pessimistischen Schreckvisionen.
Der reife Dichter Pasternak kondensiert die Zeit seines Werdens in einer plastischen, mosaikartigen Bilderfolge von atemberaubender Eindringlichkeit und hoher Subjektivität. Man könnte lyrischen Lakonismus nennen, was in einem Nebensatz, in einer scheinbar beiläufigen Bemerkung die Atmosphäre des Zeitalters heraufbeschwört. Anfänglich schildert Pasternak einschneidende Erlebnisse und Ereignisse aus der Kindheit, dann geht er mehr und mehr zur Porträtierung einzelner Personen und zu allgemeinen Überlegungen über. Ein Kapitel, das in der ersten Fassung nicht enthalten ist und in die Fassung letzter Hand nicht aufgenommen wurde, haben dankenswerterweise die Herausgeber des Buches *Luftwege* im Kommentar zu der autobiographischen Skizze veröffentlicht, so daß es hier angefügt werden kann. Es gehört zwischen die Kapitel »Vor dem Ersten Weltkrieg« und »Drei Schatten«:

Meine Schwester – das Leben

1

Lenin, das Unverhoffte seines Kommens aus dem verschlossenen Ausland; seine zündenden Reden; seine frappierende Direktheit; seine fordernde Strenge und sein Ungestüm; die beispiellose Kühnheit seines Appells an die wilde Elementarkraft des Volkes; seine Entschlossenheit, auf nichts Rücksicht zu nehmen, nicht einmal auf den unbeendeten Krieg, und unverzüglich die neue, unerhörte Welt zu schaffen; seine Ungeduld und Kompromißlosigkeit zusammen mit der Schärfe seiner vernichtenden, höhnischen Anklagen verblüfften die nicht mit ihm Einverstandenen, entwaffneten seine Gegner und riefen noch bei den Feinden Entzücken hervor.

2

Wie sehr sich große Revolutionen zu verschiedenen Zeiten und bei verschiedenen Völkern auch voneinander unterscheiden mögen, eins haben sie im Rückblick miteinander gemeinsam, das sie nachträglich vereint. Sie alle sind seltene historische Ausnahmen oder Sonderfälle in den Annalen der Menschheit, sie fordern von ihr so außerordentliche und zerstörende Kräfte, daß sie sich nicht häufig wiederholen können.

3

Lenin war mit Herz und Sinnen eine dieser so seltenen Ausnahmen, war Gesicht und Stimme des großen russischen Sturms, einzigartig und außergewöhnlich. Mit dem Feuer des Genies nahm er ohne Schwanken die Verantwortung für Blut und Zerstörung, wie die Welt sie noch nie erlebt hatte, auf sich, er fürchtete sich nicht, das Volk aufzurufen, an seine geheimsten, sehnlichsten Hoffnungen zu appellieren, er ließ das Meer toben, segnete den Orkan.

4

Menschen, die die schwere Schule der Kränkungen durchlebt hatten, mit denen Macht und Reichtum die Notleidenden überschütteten, begriffen die Revolution als Explosion ihres eigenen Zorns, als ihre blutige Rache für lange, viel zu lange Schändung.
Die distanzierten Beobachter – in erster Linie Intellektuelle –, die die Leiden des Volkes nicht erfahren hatten, betrach-

teten die Revolution, soweit sie mit ihr sympathisierten, durch das Prisma der in den Kriegsjahren herrschenden, ererbten und neu aufgelebten slawophilen, patriotischen Philososphie. Sie faßten den Oktober und den Februar nicht als Gegensätze auf, in ihren Vorstellungen flossen beide Umbrüche zusammen in der einen unteilbaren Großen Russischen Revolution, die Rußland unter den Völkern unsterblich machte, und die in ihren Augen ganz natürlich der gesamten russischen mühseligen und heiligen geistigen Tradition entsprang.

5

Vierzig Jahre sind seitdem vergangen. Aus solcher Ferne vernimmt man keine Stimmen mehr aus der Menge, die sich Tag und Nacht auf sommerlichen Plätzen unter freiem Himmel zusammenfand wie zu einer altertümlichen Volksversammlung. Doch auch aus solcher Entfernung noch sehe ich bis heute diese Versammlungen als stumme Schauspiele oder lebende Bilder.

Zahllose aus dem Schlaf gerissene, die Ohren spitzenden Menschen hielten einander an, strömten zusammen und – wie man in der alten Zeit sagte – »hielten Rat«, dachten laut. Leute aus dem Volk schütteten ihre Herzen aus, redeten über das Wichtigste, darüber wie und wofür man lebt, mit welchen Mitteln die einzig mögliche, menschenwürdige Existenz aufzubauen sei. Der erstaunliche, alles umfassende Aufbruch verwischte die Grenze zwischen Mensch und Natur. In diesem denkwürdigen Sommer 1917, zwischen zwei Revolutionen, schien es, als veranstalteten Straßen, Bäume, Sterne mit den Menschen zusammen Meetings, hielten Reden. Die Luft war durch und durch erfüllt von heißer, tausendwerstweiter Begeisterung, erschien als Person mit Namen, hellseherisch und beseelt.

6

Heute scheint mir, daß die Menschheit im Verlauf langer, ruhiger Epochen unter der Alltagsoberfläche täuschender Ruhe, dem Leben voller Kompromisse mit dem Gewissen, voller Zugeständnisse an die Unwahrheit möglicherweise immer große Vorräte hoher sittlicher Ansprüche versteckt, den Traum von einem anderen, tapfereren, reineren Leben hegt, von ihren eigenen geheimen Absichten jedoch nichts weiß, sie nicht vermutet.
Aber es braucht nur die Standfestigkeit der Gesellschaft ins Wanken zu geraten, es genügt, daß eine elementare Not oder eine militärische Niederlage an der unabänderlich und ewig scheinenden Alltagsfestigkeit rüttelt, und schon reißen sich wie lichte Säulen die geheimen sittlichen Ablagerungen als ein Wunder aus der Erde heraus ans Tageslicht.
Die Menschen wachsen über sich hinaus, wundern sich über sich, erkennen sich nicht mehr, werden zu Helden. Menschen, denen man auf der Straße begegnet, sind keine namenlosen Passanten, sondern Inkarnation oder Repräsentanten des Menschengeschlechts in seiner Gesamtheit. Diese Empfindung des Alltäglichen, auf Schritt und Tritt Beobachteten, das gleichzeitig zu Geschichte wird, diese Empfindung des Ewigen, das auf die Erde herabgestiegen ist und von überallher ins Auge fällt, diese märchenhafte Stimmung versuchte ich damals in dem Gedichtband *Meine Schwester – das Leben* wiederzugeben.

ANMERKUNGEN

5 *alten Stils:* in Rußland galt bis 1918 der Julianische Kalender, der im neunzehnten Jahrhundert zwölf Tage hinter dem Gregorianischen zurückblieb.

6 *Serow, Wrubel, meinem Vater und den Brüdern Wasnezow:*
Walentin Serow (1865–1911), Landschafts- und Porträtmaler.
Michail Wrubel (1856–1910), bevorzugte Sujets aus der Märchen- und Sagenwelt; Buchillustrator.
Leonid Pasternak (1862–1945), Maler und Buchillustrator, verließ Rußland 1921 mit Frau und zwei Töchtern, lebte in Berlin, München und seit 1938 in England.
Apollinarij Wasznezow (1856–1933), Historien- und Landschaftsmaler (Leonid Pasternaks Kollege an der Hochschule für Malerei, Architektur und Bildhauerei).
Viktor Wasnezow (1848–1926), Historien- und Genremaler.

8 *Großfürst Sergej Alexandrowitsch* (1857–1905) Bruder Zar Alexanders III. Als Generalgouverneur von Moskau während der Revolution von 1905 ermordet.

9 *Pasternaks Gattin:* Rosalie geborene Kaufmann (1867–1940), Pianistin, Rubinstein-Schülerin. Sie gab die Konzertkarriere nach ihrer Heirat auf.

9 *Iwan Grshimali* (1844–1915).

9 *Anatolij Brandukow* (1850–1930).

9 *Nikolaj Gúe* (1831–1894), Freund von Lew Tolstoj.

10 *Tschajkowskijs berühmtes Trio:* das Trio »In memoriam eines großen Künstlers«.

10 *eröffneten die Peredwishniki:* diese 1870 gegründete Vereinigung bildender Künstler übte großen Einfluß auf den Geschmack der russischen Gesellschaft aus. Ihre Konzeption der Kunst als Mittel gesellschaftlicher Beeinflussung, ihre Forderung nach Realismus und der Vorrang, den sie dem Inhalt auf Kosten der Form einräumte, wirkte nachhaltig ins zwanzigste Jahrhundert. Für die Impressionisten wurde »Peredwishniki« zu einem Ausdruck der Geringschätzung.

10 *Repin, Mjassojedow, Makowskij, Surikow und Poljenow:*
Ilja Repin (1844–1920), bedeutendster Vertreter der Peredwishniki, Porträtist, Historien- und Genremaler.
Grigorij Mjassojedow (1835–1911), Mitbegründer der Peredwishniki, bevorzugte ländliche Sujets.

Wladimir Makowskij (1846–1920), bevorzugte Stadtszenen.
Wassilij Surikow (1848–1916), Historienmaler.
Wassilij Poljenow (1844–1927), Landschafts- und Genremaler.

10 *Serow, Lewitan, Korowin, Wrubel, Iwanow:*
Serow: siehe Anmerkung zu Seite 6.
Issaak Lewitan (1861–1900), einer der bedeutendsten russischen impressionistischen Landschaftsmaler.
Konstantin Korowin (1861–1939), Impressionist.
Wrubel: siehe Anmerkung zu Seite 6.
Sergej Iwanow (1846–1911) Peredwishnik.

10 *dem Russischen Künstlerbund:* Er wurde 1903 nach der Sezession von den Peredwishniki gegründet.

11 *der Bildhauer Pawel Trubetzkoj:* Fürst Pawel Trubetzkoj (1857–1938), in Italien geboren und dort lebend, weilte von 1897 bis 1906 in Rußland.

14 *das Peter-Paul-Gymnasium:* Es gehörte der deutschen lutherischen Gemeinde und wurde auch von vielen Russen besucht.

15 *nach Wannowskijs Schulreform:* Erziehungsminister Pjotr Wannowskij (1822–1904) führte 1901/2 eine Modernisierung des Lehrplans durch mit stärkerer Betonung der naturwissenschaftlichen Fächer.

16 *»wie bei Iwan Iwanowitsch«* = wie bei Hinz und Kunz.

16 *»wie bei Fürstin Marja Alexejewna«:* Alexander Gribojedows Komödie *Verstand schafft Leiden* endet mit dem Stoßseufzer des Bürgermeisters Famussow: »Barmherzger Gott! Was wird zu alldem jetzt die Fürstin Marja Alexejewna nur sagen?« Pasternak charakterisiert mit dieser gängigen Redensart Skrjabins souveräne Verachtung musikalischer Konventionen.

18 *Julij Engel* (1868–1927), Skrjabin-Biograph, Komponist, Musikschriftsteller.

18 *Reinhold Glier* (1874–1957), Komponist und Dirigent.

21 *Andrej Belyj* (1880–1934), bedeutender Vertreter des russischen Symbolismus.

21 *Welemir Chlebnikow* (1885–1922), Mitbegründer des russischen Futurismus, schuf auf der Suche nach neuen künstlerischen Ausdrucksmöglichkeiten eine »Übersinnsprache«.

21 *Tonsprache Fields:* John Field (1782–1837), englischer Komponist und Pianist, wurde zum Vorbild für Chopin.

22 *Blok nicht nur Lyriker:* Alexander Blok (1880–1921), anerkannter Führer des russischen Symbolismus.

23 *Manifest vom 17. Oktober:* Die im Januar 1905 beginnende erste russische Revolution nahm im Laufe des Jahres so bedrohliche Ausmaße an, daß Nikaolaj II. in einem kaiserlichen Manifest die Gewährung von bürgerlichen Grundrechten und die Institutionalisierung eines Parlaments versprach.

23 *Pöbel vom Ochotnyj Rjad:* Ultrarechte Kreise hatten zur Bekämpfung der revolutionären Bewegung unter dem Sammelnamen »Schwarzhunderter« militante Verbände gegründet (Bund des russischen Volkes, Erzengel-Michail-Bund u. a.). Sie rekrutierten ihre Schlägerbanden aus den untersten Volksschichten.

23 *hier herrschte Generalstreik:* Am 9. Dezember 1905 hatte in Moskau ein bewaffneter Arbeiteraufstand begonnen, der bis zum 20. Dezember andauerte.

24 *Aufenthalt in Berlin:* 1906 hielt sich die Familie Pasternak fast das ganze Jahr über in Berlin auf, wo eine Ausstellung der Arbeiten Leonid Pasternaks veranstaltet wurde.

25 *Am Straßenrand und verschwinden:* die drei Strophen entstammen verschiedenen Gedichtzyklen Bloks: »Verse auf die schöne Dame« (1902), »Beschwörung durch Feuer und Finsternis« (1907), »Der Komet« (1910).

26 *im zweiten Band der Alkonost-Ausgabe:* Es handelt sich um die erste vollständige Blok-Ausgabe, erschienen 1923 in Berlin.

26 *war ein Mädchen:* Die aufgezählten Dichtungen stammen aus den Jahren 1904/5 mit Ausnahme des Zyklus »Welt des Schreckens«, der in den Jahren 1909 bis 1916 entstand.

27 *Brjussow, Belyj, Chodassewitsch, Iwanow, Baltruschaitis:*
Walerij Brjussow (1873–1924), Begründer und Führer der Moskauer symbolistischen Schule.
Andrej Belyj: siehe Anmerkung zu Seite 21.
Wladislaw Chodassewitsch (1886–1939), Dichter, Literaturtheoretiker und -kritiker, emigrierte 1922.
Wjatscheslaw Iwanow (1866–1949), Dichter und Philosoph, emigrierte 1920.
Jurgis Baltruschaitis (1873–1945), Dichter, erster litauischer Gesandter in der UdSSR.

27 *vor seinem wirklichen Tod:* Alexander Blok starb am 7. August 1921.

28 *Assejew und Marina Zwetajewa:*
Nikolaj Assejew (1889–1963), futuristischer Dichter.
Marina Zwetajewa (1892–1941), neben Anna Achmatowa die bedeutendste russische Dichterin des zwanzigsten Jahrhunderts. Sie lebte von 1922 bis 1939 in der Emigration (Prag und Paris). Nach ihrer Rückkehr konnte sie in der Heimat nicht Fuß fassen, bei Kriegsbeginn mit ihrem Sohn in den kleinen tatarischen Ort Jelabuga evakuiert, nahm sie sich das Leben.

28 *Vera Komissarshewskaja* (1864–1910), Schauspielerin, gründete 1904 ihr eigenes Theater.

28 *Stanislaw Przybyszewski* (1868–1927), in Rußland populärer polnischer Schriftsteller.

29 *Wladimir Rebikow* (1866–1920), versuchte eine Synthese von Musik und Mimik zu schaffen, die »Melomimik«.

29 *Marija Andrejewa* (1872–1953), Schauspielerin, erste Ehefrau von Maxim Gorkij.

30 *der deutsche Dichter Rainer Maria Rilke:* Rilke besuchte Rußland zweimal, vom 27.4. bis 18.6.1899 und vom 11.5. bis 22.8.1900.

30 *Bauerndichter Droshshin:* Spiridon Droshshin (1848–1930).

30 *Wassilij Kljutschewskij* (1841–1911), Historiker. Seine auch in deutscher Sprache vorliegende fünfbändige Russische Geschichte wurde zum Standardwerk.

31 *eigens für dieses Kapitel übersetzt:* Wir geben hier die deutschen Originale der beiden Gedichte aus dem *Buch der Bilder* wieder. (Rainer Marika Rilke, *Sämtliche Werke,* Band 1, S. 457 ff., Frankfurt/Main 1976).

33 *und ›Blaue Rose‹:* Das Verlagshaus »Die Welt der Kunst« war 1899 von Djagilew und Benois in Petersburg gegründet worden. Das »Goldene Vlies« erschien zwischen 1906 und 1909 in Moskau und propagierte moderne russische und westeuropäische Malerei und Literatur. Die Vereinigung »Karo-Bube« entstand 1910, überlebte die Revolution und wurde erst 1926 aufgelöst. Der »Eselsschwanz« war eine Vereinigung expressionistischer Maler. Die »Blaue Rose«, ebenfalls eine Gruppe moderner Maler, bildete sich 1909.

33 *Somow, Sapunow, Sudejkin, Krymow, Larionow, Gontscharowa:*
Konstantin Somow (1869–1939), gehörte zur »Welt der Kunst«.
Nikolaj Sapunow (1880–1912), Schüler von Lewitan, Korowin und Serow.
Sergej Sudejkin (1883–?), vor allem Zeichner.
Nikolaj Krymow (1884–?), eine Zeitlang Mitglied der »Blauen Rose«.
Michail Larionow (1881–1964), Expressionist, Gründer des »Karo-Bube«.
Natalija Gontscharowa (1883–1963), lebte ab 1915 in Paris.

34 *erinnerte er an Belinskij:* Wissarion Belinskij (1811–1848), Literaturtheoretiker und -kritiker, beeinflußte durch sein sozialkritisches Engagement entscheidend die Entwicklung des russischen Realismus.

34 *Innokentij Annenskij* (1855–1909), Symbolist.

35 *leicht faßlichen Bilder eines Jessenin:* Sergej Jessenin (1895–1925) repräsentiert den russischen Imaginismus.

35 *Alexander Ostrowskij* (1823–1886), schuf das realistische russische Drama.

36 *Sergej Bobrow* (1889–1971), Führer der futuristsichen Dichtergruppe »Die Zentrifuge«.

36 *Verleger des Mussaget:* Zeitschrift des 1909 gegründeten gleichnamigen Verlages.

36 *Stepun, Ratschinskij, Sadowskoj, Mettner, Schönrock, Petrowskij, Ellis-Kobylinskij, Nieländer:*
Fjodor Stepun (1884–1965), Soziologe und Kulturphilosoph, emigrierte 1922.

Grigorij Ratschinskij, Präsident der Moskauer religiösen und philosophischen Gesellschaft.
Boris Sadowskoj, Dichter und Kritiker.
Wladimir Schönrock (1853–1910), Literaturhistoriker.
Michail Petrowskij, Übersetzer und Kritiker.
Lew Ellis-Kobylinskij (1874–1947), Dichter und Kritiker, emigrierte in die Schweiz.
Wladimir Nieländer (1883–1965), Dichter.

38 *auf der Bahnstation Astapowo gestorben war:* Tolstoj hatte sein Haus in Jasnaja Poljana am 28. Oktober 1910 verlassen. Auf der Reise erkrankte er an Lungenentzündung und starb im Hause des Stationsvorstehers von Astapowo.

40 *ein Riesenwerk über Duell und Tod Puschkins:* Pasternak bezieht sich auf das Buch von Pjotr Schtschogoljew *Duell und Tod Puschkins,* 1916.

40 *Natalija Nikolajewna* = Puschkins Ehefrau.

43 *Michail Lomonossow* (1711–1765), Universalgelehrter und Dichter.

44 *dem jungen Trubezkojs:* Fürst Nikolaj Trubezkoj (1890–1939), emigrierte 1920 und war seit 1923 Professor für vergleichende Philologie in Wien.

44 *von den beiden älteren Trubezkojs:* Fürst Sergej Trubezkoj (1862–1905); Fürst Jewgenij Trubezkoj (1863–1920).

44 *berühmten Slawophilen-Familie:* Jurij Samarin (1819–1870) gehörte zu den Führern der romantischen Slawophilenbewegung des neunzehnten Jahrhunderts.

45 *zu Beginn der NEP-Zeit:* NEP = Neue Ökonomische Politik, von Lenin 1921 eingeführtes gemischtes Wirtschaftssystem, in dem der sozialistische mit dem kapitalistischen Wirtschaftssektor wetteifern sollten. Diese Politik zeitigte eine rasche wirtschaftliche Erholung des durch Krieg und Bürgerkrieg völlig erschöpften Landes.

46 *Ich las Tjutschew:* Fjodor Tjutschew (1803–1873), bedeutender Lyriker.

46 *Der Zwilling in den Wolken:* Der Band erschien 1914 in Moskau.

47 *das eben gegründete Kammertheater:* Alexander Tairow hatte 1914 dieses Theater aus Protest gegen Stanislawskijs Künstlertheater gegründet.

48 *Uljanow, Muratow, Balmont:*
Nikolaj Uljanow (1875–1949), Maler, Radierer, Bühnenbildner.
Pawel Muratow (1881–1946), Romanschriftsteller, emigrierte nach Irland.
Konstantin Balmont (1867–1943), symbolistischer Dichter, emigrierte nach Frankreich.

49 *Über die Barrieren* erschien 1916. *Meine Schwester – das Leben,* 1917 geschrieben, erschien 1922.

49 *Niederschrift eines Romans:* Der Titel lautete *Oboronaja storona medali* (Die Kehrseite der Medaille).

50 *wahrscheinlich Wegerich:* Anna Achmatowa (1889–1966) ist die bedeutendste russische Dichterin des zwanzigsten Jahrhunderts. Der Band *Wegerich* erschien 1921. Pasternak hat entweder die Gedichtsammlung *Abend* (1912) oder *Der Rosenkranz* (1913) gelesen.

50 *Nikolaj Tichonow* (1896–1979), Lyriker.

53 *Das Jahr 1905, Leutnant Schmidt:* zwei 1927 erschienene Verserzählungen von Pasternak.

55 *Paolo Jaschwili* (1895–1937) zusammen mit Tizian Tabidse Begründer und Führer der spätsymbolistischen georgischen Dichtergruppe »Die Blauhörner«.

55 *im Zaubernetz der Schigaljow-Doktrin:* Anspielung auf die politische Theorie des Verschwörers Schigaljow in Dostojewskijs Roman *Die Dämonen*. Schigaljow erklärte: »Indem ich von unbeschränkter Freiheit ausgehe, schließe ich mit einem ebenso unbeschränkten Despotismus.« (Frankfurt/Main 1954, S. 488).

55 *Alexander Fadejew* (1901–1956), Repräsentant des Sozialistischen Realismus und überzeugter Stalinanhänger, 1946–1954 Generalsekretär des Sowjetischen Schriftstellerverbands. Bald nach dem XX. Parteitag der KPdSU, auf dem Chruschtschow die Entstaliniserung proklamierte, nahm er sich das Leben.

55 *Tretjakow und Scherschenewitsch:*
Sergej Tretjakow (1892–1939), gehörte zum Kreis der linken Avantgarde um Majakowskij, fiel der Stalinschen Säuberung zum Opfer.
Wadim Scherschenewitsch (1893–1942), gehörte zum damaligen Zeitpunkt der kubofuturistischen Gruppe an.

56 *Held à la Alexander Grin:* Alexander Grin (1880–1932), populärer Autor von Abenteuergeschichten und utopischen Romanen.

57 *zur Speise seiner Getreuen:* Ein Satz aus der Liturgie der Karwoche.

58 *Alexej Konstantinowitsch Tolstoj* (1817–1875), seine Dichtung »Ioann Damaskin« (1858) ist eine Nachbildung der »Idiomela« des Johannes von Damaskus, die einen Teil des Requiems in der orthodoxen Kirche bildet.

58 *Igor Sewerjanin* (1887–1941), futuristischer Lyriker, emigrierte nach Estland.

59 *seit Kolzow:* Alexej Kolzow (1808–1842), Bauerndichter, der durch seine *Russischen Lieder* in allen Bevölkerungsschichten populär wurde.

59 *fing seinen Feuervogel:* Iwan Zarensohn, der graue Wolf und der Feuervogel sind ständige Figuren russischer Volksmärchen. Iwan Zarensohn ist der »reine Tor«, der graue Wolf sein Helfer und Berater, der Feuervogel die begehrte Schöne. – Isadora Duncan war einige Zeit mit Jessenin verheiratet.

60 *die Zeitschrift LEF:* Majakowskij und sein Kreis hatten sich zu einer

»linken Kunstfront« zusammengeschlossen (Lewyj front iskusstwa, abgekürzt »LEF«). Ihre Zeitschrift erschien von 1923 bis 1925 und als *Nowyj LEF* (Neue LEF) 1927/28.

60 *unsterblichen Dokuments Aus vollem Halse*: Diese im Dezember 1929/Januar 1930 entstandene Dichtung ist eine fast schon verzweifelte Attacke auf die kleinbürgerreichen Züge der jungen Sowjetunion.

60 *seit Mysterium Buffo:* Majakowskij hatte mit dieser Arbeit, die in zwei Fassungen (1918 und 1921) vorliegt, das erste sowjetische Theaterstück geschrieben. Volksbildungskommissar Lunatscharskij urteilte darüber: »Ein kommunistisches Stück, das einzige Theaterstück, das unter dem Einfluß unserer Revolution entstanden ist und darum – übermütig, verwegen, heiter, herausfordernd – ihren Stempel trägt.

61 *Pilnjak, Babel, Fedin, Wsewolod Iwanow:*
Boris Pilnjak (1891–1937), schrieb den ersten Roman der sowjetischen Ära *Das nackte Jahr* (1922), er geriet mit seiner Erzählung »Mahagony« (1932) ins Kreuzfeuer der ideologischen Kritik und fiel als einer der ersten Schriftsteller der Stalinschen Säuberung zum Opfer.
Isaak Babel (1894–1941), bis heute unübertroffener Meister der pointierten Kurzprosa, wurde 1939 verhaftet und starb im Straflager.
Konstantin Fedin (1892–1977), sein Roman *Städte und Jahre* (1923/4) schildert die Probleme von Intellektuellen, die zwar die Revolution bejahen, sich aber in der neuen Zeit nicht zurechtfinden.
Wsewolod Iwanow (1895–1963) wurde durch seinen Kurzroman *Panzerzug Nr. 14-69* (1922) berühmt.

62 *berühmte Sätze über die Gegenwart:* Autor beider Sätze war Stalin.

63 *Ilja Ehrenburg* (1891–1967), Epiker und Essayist.

63 *Marina Zwetajewa:* siehe Anmerkung zu S. 28.

63 *Bagrizkij, Chlebnikow, Mandelstam, Gumiljow:*
Eduard Bagrizkij (1896–1934), Lyriker.
Welemir Chlebnikow: siehe Anmerkung zu S. 21.
Ossip Mandelstam (1891–1938), Lyriker, fiel der Stalinschen Säuberung zum Opfer.
Nikolaj Gumiljow (1886–1921), Lyriker, als Konterrevolutionär erschossen. Gumiljow hatte in Abkehr vom Symbolismus die Dichterschule des Akmeismus gegründet, der sich auch Mandelstam und Anna Achmatowa anschlossen.

65 *ihren Sohn, ihre Tochter und ihren Mann:*
Georgij Efron (1925–1944), im Zweiten Weltkrieg gefallen.
Ariadna Efron (1912–1975), 1939 zu acht Jahren Straflager verurteilt, 1949 erneut verhaftet und zu lebenslanger Verbannung in Sibrien verurteilt, 1956 rehabilitiert.
Sergej Efron (1893–1941), 1939 verhaftet, in einem Moskauer Gefängnis erschossen.

67 *Jaschwili: siehe Anmerkung zu Seite 55.*

69 *Tizian Tabidse* (1895–1937), zusammen mit Paolo Jaschwili Begründer der Dichterschule »Die Blauhörner«. 1937 erschossen.

71 *Georgij Leonidse* (1899–1966).

72 *Simon Tschikowani* (1902–1966).

Fjodor M. Dostojewski
Traum eines lächerlichen Menschen
Eine phantastische Erzählung
Bobok
Aufzeichnungen einer gewissen Person

Band 9304

In bitterer Verzweiflung an der Welt und den Menschen beschließt der sich selbst einen »lächerlichen Menschen« nennt, Selbstmord zu begehen. Doch bevor es dazu kommen könnte, hat er in einem phantastischen Traum die Vision des Goldenen Zeitalters: auf einen fremden Stern versetzt, erlebt er eine Menschheit im paradiesischen Urzustand der Harmonie, des Glücks, der Idylle – eine Welt, in der es keinen Sündenfall gegeben hat. Doch während der Traum Jahrtausende durchfliegt, zieht bei den glücklichen, friedlichen und zufriedenen Menschen die Lüge ein – Mißgunst, Mord, Krieg. Als sich das Leid des Erdenmenschen angesichts dieser katastrophalen Entwicklung, an der er schuld zu sein glaubt, bis zum Unerträglichen steigert, erwacht er aus seinem Traum – und ist verwandelt.
Durchaus nicht ins Komische, sondern buchstäblich unter die Erde führt das Traumspiel der zweiten Erzählung, »Bobok«, ebenfalls aus dem Spätwerk Dostojewskis.

Fischer Taschenbuch Verlag

fi 1310 / 1

Russische Literatur

Boris Pasternak
Doktor Schiwago
Roman. Band 587

Iwan Bunin
Das Leben Arsenjews
Eine Jugend im alten Rußland. Band 5268

Konstantin G. Paustowskij
Am Kai von Neapel
Neunzehn Erzählungen. Band 5856

Alexander Solschenizyn
Große Erzählungen
Band 5839

Tschingis Aitmatow
Frühe Kraniche
Roman. Band 5327

Russische Künstlererzählungen aus zwei Jahrhunderten
Herausgegeben von Elisabeth Cheauré. Band 9143

Valentin Rasputin
Die letzte Frist
Roman. Band 5946

Fischer Taschenbuch Verlag

fi 1068/1

Ossip Mandelstam
Das Rauschen der Zeit

Gesammelte »autobiographische« Prosa der 20er Jahre

Band 9183

Eine Kindheit in Petersburg, in den neunziger Jahren des 19. Jahrhunderts bis zur Revolution von 1905 – ein Petersburg der prunkvollen Paraden, der Begräbnisfeierlichkeiten und der Studentenunruhen. Sommeraufenthalte in Finnland und in Riga. Der Bücherschrank in der Petersburger Wohnung, die durch ihren Geruch charakterisiert ist (der Vater handelt mit Leder). Die prägende Erfahrung der klangvollen russischen Sprache der Mutter. Eine Fülle präziser Erinnerungen – und doch ist die hier versammelte Prosa des russischen Lyrikers Ossip Mandelstam nur bedingt »autobiographisch« zu nennen.
Das Rauschen der Zeit (1925), ein atmosphärisches Porträt des vorrevolutionären Rußland, wie es in keinem Geschichtsbuch vermittelt werden kann; *Feodosia (1925),* vier Prosastücke aus einer Stadt auf der Krim zur Zeit der Bürgerkriegswirren 1918–20; *Reiseskizzen und Erinnerungen (1922–27)* aus der nachrevolutionären Zeit; *Die Ägyptische Briefmarke (1928),* die bizarre Geschichte des kleinen Mannes Panok, dem im Sommer zwischen der Februar- und der Oktoberrevolution 1917 der Ausgehanzug gestohlen wird – eine Parabel der aus den Fugen geratenen Welt; *Ein Dichter über sich selbst (1928)* und *VierteProsa (1929–30),* Mandelstams Antwort auf die unter Stalin gegen ihn entfachte Hetzkampagne – Texte, die in der Sowjetunion immer noch nicht veröffentlicht werden dürfen und in zahlreichen Abschriften unter Künstlern und Intellektuellen kursieren.

Fischer Taschenbuch Verlag

Andrej Sinjawskij

Abram Terz

Gute Nacht

Roman. 464 Seiten. Leinen

Indem Sinjawskij von den dunkelsten Jahren der sowjetischen Geschichte erzählt, von seiner kommunistischen atheistischen Erziehung, von seiner Liebe zu Majakowskij und den Futuristen, von seiner Freundschaft mit der offenherzigen Hélène, die später seine Manuskripte in den Westen brachte, versucht er zu erklären, wie und warum er zu Abram Terz, dem »Gauner«, Außenseiter, Oppositionellen, wurde; warum er sich allmählich – trotz seines alltäglichen Daseins als der »stille, sogar bescheidene und lanweilige« Mitarbeiter des Gorkij-Instituts für Weltliteratur (wie Sinjawskij sich selbst charakterisierte) – von der sowjetischen Gesellschaft zurückzog und den riskanten Beschluß faßte, im Westen unter dem Pseudonym Abram Terz zu publizieren. Dies alles wird in einer großen epischen Konstruktion entwickelt, die auf die chronologische Anordnung verzichtet und ihre Lebendigkeit aus dem assoziativen Rhythmus schöpft. Die Vieldeutigkeit und das Spielerische seines literarischen Stils, die Kraft seiner phantastischen Visionen, das Wirkliche noch wirklicher zu machen – ja, in dem Phantastischen die Wahrheit der Realität zu erfassen –, und der meisterliche Umgang mit dem Absurden und Grotesken machen Sinjawskij zu einem Erben der großen Dichter Rußlands, zu einem Nachfolger Gogols und Dostojewskijs.

S. Fischer

fi 731/1

Lew Kopelew

Im Willen zur Wahrheit

Analysen und Einsprüche

Mit einem Vorwort von Gerd Ruge

Fischer Taschenbuch Band 4328

»Jeder Mensch ist einzigartig und einmalig … und die Erkenntnis seiner Einzigartigkeit als des wichtigsten Merkmals der Gattung Mensch ist einer der sichersten Maßstäbe für den wahren Fortschritt.« (aus dem Nachwort Lew Kopelews) Aus dieser Überzeugung spricht der Grundsatz der Humanität, der tiefen Würdigung des Individuums, dem sich Lew Kopelew in seinen theoretischen und literarischen Werken verpflichtet hat. Die Verteidigung der Rechte des einzelnen führt aber nicht zum isolierenden Individualismus. In diesem Band geht es ebenso um die kollektive Persönlichkeit eines Volkes, einer Ideengemeinschaft oder Nation: um die Aufdeckung und Rückverfolgung der historischen und gegenwärtigen Bestimmung des Menschen, seiner sozialen und nationalen Wirklichkeit. Kopelew hat aus Texten der vergangenen 10 Jahre diese Auswahl zusammengestellt – Zeitungsbeiträge, Briefe, Vorträge sowie Essays, die hier erstmals in deutscher Sprache erscheinen.

Fischer Taschenbuch Verlag

fi 730/1